365
actividades
para jugar
sin pantallas
en familia

ZAZU NAVARRO

Ilustraciones de **Teresa Cebrián**

Montena

A todas las familias que con tiempo, paciencia y dedicación,
hacen crecer el amor

EN NUESTRA FAMILIA

 AMAMOS a las personas
por encima de cualquier pantalla.

Creemos en el PODER de la
sonrisa de carne y hueso.

 Caminamos con la certeza de saber
DÓNDE PONEMOS NUESTROS PIES y
no dónde ponemos nuestro móvil.

 Cuando tenemos que ESPERAR, dibujamos
en servilletas, hacemos palmas o charlamos.

Si nos acordamos de una persona importante,
no dudamos en LLAMAR A SU PUERTA.

JA JA
JA JA
Compartimos CHISTES de los que
hacen vibrar el corazón y no el móvil.

SONREÍMOS, nos sorprendemos utilizando
nuestras caras como iconos.

Y por encima de todo,

 NOS DEDICAMOS TIEMPO

Cómo leer este libro

Número de la actividad para encontrarlas más fácilmente

Edad mínima orientativa

Nota curiosa relacionada con la actividad. Algunas os sorprenderán

Estación del año recomendada

❄ Invierno

🌸 Primavera

☀ Verano

🍁 Otoño

Tiempo aproximado que vais a invertir en la actividad

Descripción de la actividad

Materiales necesarios

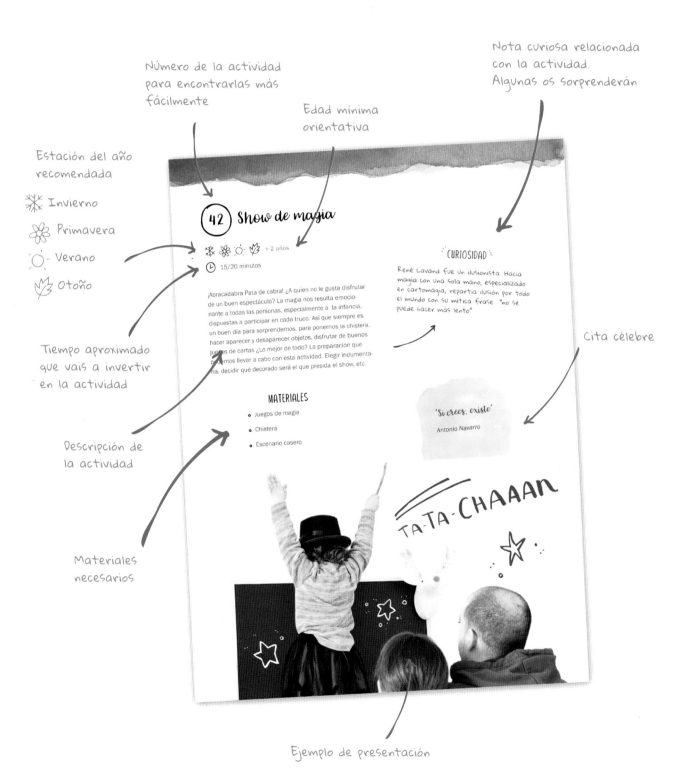

(42) Show de magia

❄ 🌸 ☀ 🍁 + 2 años

🕐 15/20 minutos

¡Abracadabra Pata de cabra! ¿A quien no le gusta disfrutar de un buen espectáculo? La magia nos resulta emocionante a todas las personas, especialmente a la infancia, dispuestas a participar en cada truco. Así que siempre es un buen día para sorprendernos, para ponernos la chistera, hacer aparecer y desaparecer objetos, disfrutar de buenos juegos de cartas ¿Lo mejor de todo? La preparación que podemos llevar a cabo con esta actividad. Elegir indumentaria, decidir qué decorado será el que presida el show, etc.

MATERIALES

- Juegos de magia
- Chistera
- Escenario casero

CURIOSIDAD

René Lavand fue un ilusionista. Hacía magia con una sola mano, especializado en cartomagia, repartía ilusión por todo el mundo con su mítica frase "no se puede hacer más lento"

Cita célebre

"Si crees, existe"
Antonio Navarro

TA-TA-CHAAAN

Ejemplo de presentación

El **lenguaje inclusivo** es un elemento muy importante a la hora de expresarnos.

365 actividades para jugar sin pantallas, en familia está destinado a todas las familias, y sin duda no hay dos iguales. El libro consta de muchas actividades y no es necesario leerlas en orden: es un manual de ideas, un recurso positivo para evitar, en la medida de lo posible, las pantallas.

Las actividades se dividen en **tres ambientes** distintos: hogar, ciudad y naturaleza.

Antes de cada ambiente hay una infografía para remarcar los **beneficios** de pasar tiempo en familia en cada uno de estos tres lugares.

Ejemplo de infografía de naturaleza

Cada ambiente contiene una gran variedad de actividades para que disfrutemos en familia. Las edades de cada actividad son orientativas. Como decía María Montessori, "**sigue al niño, sigue a la niña**". Porque a veces estamos en casa, otras estamos en medio de la naturaleza o tal vez en algún lugar de nuestra ciudad, y en ninguno de estos lugares hace falta una pantalla sino más bien las ganas de estar disfrutando de las personas que queremos.

Introducción

¿sabemos aprovechar el tiempo libre en familia?

Las **rutinas** forman parte de nuestro día a día familiar: levantarse, vestirse, lavarse la cara, desayunar, ir al colegio... Todas las personas tenemos una lista interminable de quehaceres y obligaciones que ocupan gran parte de nuestro tiempo. Pero ¿cuándo llega el "tiempo libre"? ¿Sabemos aprovecharlo? Y lo más importante: **¿sabemos aprovecharlo en familia?**

El **tiempo en familia es fundamental**, y no se reduce única y exclusivamente a los momentos de ocio o descanso laboral que nos brinda el fin de semana. Más allá del sábado y del domingo, la semana está llena de pequeños instantes que podemos disfrutar en familia, aunque a veces la vorágine diaria haga que lo olvidemos.

Pequeños instantes también entre semana

Una buena manera de empezar a disponer de más tiempo en familia es que las personas adultas **nos organicemos el tiempo** a la hora de utilizar móviles, tabletas, ordenadores y cualquier otra pantalla que nos desconecte del aquí y el ahora. Eso no significa que no se utilicen estos dispositivos: hay que ser consciente del mundo en el que vivimos y **saber aprovechar las posibilidades** que nos presenta la tecnología a diario. De hecho, si no fuera por las pantallas posiblemente hoy no podrías leer este libro.

Las pantallas nos desconectan del aquí y ahora

No se trata de ser radicales, sino de ser coherentes y congruentes con lo que hacemos, decimos y sentimos. Seamos personas sensatas: **la infancia valora más unas buenas cosquillas que un buen retrato**. Y, aunque sea precioso tener instantes fotografiados, hay momentos que no necesitan una foto, sino una buena dosis de mimos y risas.

Hay momentos que no necesitan fotos

Nadie puede negar que l**as pantallas se han unido a la familia** casi como parte de la misma. Los fines de semana, cuando tenemos la posibilidad de pasar más tiempo en familia, es muy habitual que veamos una película. Si a la película le sumamos un escenario bucólico con lluvia, manta, unas palomitas y una chimenea, la escena resulta más que apetecible. ¡No es el único plan posible!

Finde de peli y mantita

365 ideas sin pantallas para hacer en familia

Hay vida más allá de las pantallas, aunque a veces la misma costumbre hace que no se nos ocurran todas las actividades que podríamos hacer en familia. Por eso en este libro hay 365 ideas sin pantallas para hacer con toda la familia. Cada actividad planteada es una **herramienta positiva** para comenzar una aventura, un pequeño plan para experimentar y crecer todas y todos como familia.

Y podemos preguntarnos ¿cómo puede un libro de actividades hacer todo esto? Pues porque en este libro, las actividades no son el fin, sino el **principio para pasar tiempo en familia**. Cada actividad es un plan diferente con un mismo objetivo: **fomentar el vínculo** y ayudarnos a pasar el tiempo necesario para crecer como familia. De esta manera, nunca más diremos eso de "¿qué hacemos?" mientras suena un grillo de fondo y acabamos recurriendo a las pantallas para suplir la falta de ideas.

La aventura empieza aquí

Aquí encontraremos actividades para hacer en familia, actividades que no necesitan mil materiales ni requieren una preparación exhaustiva. El tiempo, a menudo, juega en nuestra contra, por lo que en *365 actividades para jugar sin pantallas en familia* el ingrediente esencial son las ganas de estar **compartiendo unidas y unidos**. Hay actividades sencillas y otras más elaboradas, e incluso hay actividades que podremos hacer en sólo cinco minutos. Y es que esos minutos, bien invertidos, son fundamentales a nivel emocional para la niñez.

¡Listo en un periquete!

365 actividades que invitan a **imaginar**, a **crear vínculo**, a **construir** y a **soñar**. Para realizarlas no vamos a necesitar el móvil, ni la televisión, ni ninguna otra pantalla. Sólo a nuestra familia para aprender, experimentar y disfrutar unidos y unidas.

Actividades para imaginar, crear vínculo, construir y soñar

ACTIVIDADES: Hogar en familia

1 La caja misteriosa
2 Bigotes y pelucas de espuma
3 Pintar en ventanas
4 Arte en papel continuo
5 Acampamos en casa
6 Fiesta de pijamas
7 Noche de cuentacuentos
8 Día de los globos
9 Cuadro de manos familiares
10 Pícnic en el salón
11 Poner la lavadora
12 Búsqueda de tesoro casero

Esta es muy divertida

13 **Spa en casa**
14 Puente de cojines
15 El bote de las palabras bonitas
16 Organizar el perchero
17 Galleta y bocado
18 Marionetas con rollos del baño
19 Plátanos rebozados
20 Vaciar una calabaza
21 Pies pintores
22 Saltamos en la cama
23 Mañana de masajes
24 Fotos en familia
25 Limpiamos
26 **Experimento volcán**
27 Abdominales de risa
28 Las cunitas
29 Adivina el gesto
30 Arreglos florales
31 Telaraña colgante
32 Pintar una bolsa para la compra
33 Volley glob
34 Collares con pasta

Con pelos y a lo loco

Mmmm... ¡qué rico!

35 Espray de limpieza
36 Hacer postales
37 Crear tíquets
38 Pompas de jabón
39 Pista de baile
40 Recital de trabalenguas, poemas y chistes
41 Obstáculos en el pasillo
42 **Show de magia** ← *Ta ta chaaan*
43 Crear efecto dominó
44 Maquillarnos con los ojos vendados
45 Ir a la piscina en la ducha
46 Bañarse en un balde ← *¡A refrescarse!*
47 El robot
48 Caminar a gatas por toda la casa
49 La línea del tiempo familiar
50 Qué falta en la habitación
51 Hacemos una cabaña (en la mesa del comedor)
52 Escondite en casa
53 Fiesta de talentos
54 Exposición de arte
55 Pisadores de uva
56 Sesión de peluquería
57 **Tienda de helados**
58 Doblar la ropa
59 Momento de mimos y cosquillas
60 Ponemos la mesa
61 Sesión de manicura
62 ¿Qué animal soy?
63 Brochetas de fruta
64 Estudio de tatuaje ← *Amor de madre*
65 Almohadas
66 Datilbones
67 La fábrica de juguetes
68 Pizza casera

Podéis marcar si ya habéis hecho la actividad

- 69 Planificar un viaje
- 70 Cesto de las estaciones
- 71 Colocar papel higiénico
- 72 Megaconstrucciones
- 73 Crear un lema familiar
- 74 Floristería
- 75 Prueba de sabores
- 76 Creando berlinas de manzana
- 77 *Collage* de la familia
- 78 Velada de piratas
- 79 Sesión de palomitas y teatrillo
- 80 El mensaje secreto ← Top secret
- 81 Cápsula del tiempo
- 82 Conversaciones variopintas
- 83 Bote de actividades en familia
- 84 Momias ← Risas aseguradas
- 85 Mi árbol familiar
- 86 Fregar los platos o poner el lavavajillas
- 87 Pescando en la bañera
- 88 Memory familiar
- 89 Noche de científicos
- 90 Bote de agradecimientos
- 91 Pelota soplada
- 92 El restaurante
- 93 Creamos rutinas
- 94 Pedido a domicilio
- 95 Dientes felices
- 96 **Reunión familiar** ← Nos organizamos
- 97 Centro de reciclaje
- 98 Saquitos para la despensa
- 99 Cocinar palomitas de maíz
- 100 Coger manzanas con la boca de un balde de agua
- 101 El juego del silencio
- 102 Coger naranjas con las rodillas

- 103 Calcetines sensoriales
- 104 Intercambio de roles
- 105 Música tumbados
- 106 Pasillo sensorial
- 107 Experimento con naranjas ← ¡Anda! ¡Qué curioso!
- 108 Pintamos con espuma de afeitar
- 109 Caminar sobre una línea
- 110 Tapones abecedario
- 111 Qué sentimiento tengo en mi cabeza
- 112 Balanceo de cabeza
- 113 Pescar tapones
- 114 Cubrir de pósits
- 115 Noche de disco
- 116 Trasvase con cucharas
- 117 **Librería en casa**
- 118 Emparejar calcetines ← Cada oveja con su pareja
- 119 Pared familiar
- 120 La fiesta del té
- 121 Pintura congelada
- 122 Clínica veterinaria
- 123 Bañamos al bebé
- 124 Tareas diarias
- 125 Fósiles congelados
- 126 Álbum de cromos familiar
- 127 Retrato ¡sírvete tú!
- 128 Sándwich de manzana con crema ← Ñam ñam
- 129 Transportando el globo
- 130 Torres de vasos de papel
- 131 Nos dibujamos en el espejo
- 132 Panel de los deseos
- 133 Sumo cojines
- 134 Calendario anual lineal
- 135 El teléfono roto
- 136 Nos hemos enredado

ACTIVIDADES: Ciudad en familia

- 137 **Kit ciudad**
- 138 Observar un hormiguero
- 139 Tipos de besos (esquimal, mariposa, vaca)
- 140 Dar de comer a las palomas
- 141 Zancadas de peatones
- 142 Observar caracoles
- 143 Visitar un museo
- 144 Visitar una biblioteca
- 145 Excursión en tren
- 146 Ir a un musical — *¡Es un musical!*
- 147 Visitar un jardín botánico
- 148 Pasear por el mercado municipal
- 149 Jugar entre los aspersores
- 150 **Reutilizar el servilletero de la cafetería**
- 151 Disfrutar de una comida en un restaurante
- 152 Excursión en el autobús turístico de la ciudad
- 153 Jugar al veoveo
- 154 Correr entre las palomas — *Pitas, pitas*
- 155 Saltar charcos
- 156 Patinar
- 157 Visitar a personas de la familia
- 158 Ir a un rocódromo
- 159 Leer los letreros que nos encontramos
- 160 Visitar una residencia de personas mayores
- 161 Tomar un helado
- 162 Hacer ruta de arte urbano (grafitis) — *Obras de arte en la ciudad*

- 163 **Crear y hacer malabares**
- 164 ¿Piedra, papel o tijera?
- 165 Asistir a una obra de teatro
- 166 Pasear por un rastro
- 167 Subirse en un carrusel — *Vuelta y más vuelta*
- 168 Merendar en un parque
- 169 Tesoros escondidos
- 170 Sigue la cadena
- 171 Donar juguetes/ropa/comida
- 172 Ir a un concierto
- 173 Caminar haciendo el tren
- 174 Comparte y propón
- 175 Comprar en el supermercado
- 176 **Limpiar la ciudad**
- 177 Un, dos, tres, pajarito inglés
- 178 Acudir a un partido de deporte — *We are the champions!*
- 179 Doblar servilletas en un bar
- 180 Dibujar con tizas en la acera del parque
- 181 Repartir flores a los viandantes
- 182 Visitar un refugio de animales
- 183 **Saltar a la comba**
- 184 Ir a una piscina de bolas
- 185 Comer en un *food truck*
- 186 Disfrutar de un parque de atracciones
- 187 Visitar un mercadillo medieval
- 188 Llenar globos en una fuente — *Chof chof*

Podéis marcar si ya habéis hecho la actividad

- 189 Asistir a un cuentacuentos
- 190 **Dibujar un charco**
- 191 Dejar mensajes en lugares culturales
- 192 Disfrutar de un día de spa
- 193 Ir al baño libre de la piscina municipal
- 194 Limpiar el coche
- 195 Compartir día con *skaters*
- 196 Tomar un refresco
- 197 **Seguridad vial**   *Piii-piii*
- 198 Escribir y enviar una carta
- 199 Jugar al cangrejo
- 200 Jugar a la rayuela
- 201 Subir en avión
- 202 Jugar a la selva en los setos del parque
- 203 Reconocer los árboles de la ciudad
- 204 **El pañuelo**
- 205 Jugar a pillar
- 206 Recoger hojas que han caído de los árboles
- 207 Búsqueda de tesoro en el parque
- 208 Juego de palmas
- 209 Adivinar el sentimiento   *Superinteresante*
- 210 Visitar ruinas
- 211 **Expresiones faciales de revistas**
- 212 Pasear en patinete
- 213 Acudir a una batucada
- 214 Disfrutar de un festival callejero

¡Hay fiesta en el barrio!

- 215 Ayudar en un comedor social
- 216 Palabras relacionadas
- 217 Asistir a un partido de petanca
- 218 **La gallinita ciega**
- 219 La carretilla
- 220 Visitar el cauce de un rio
- 221 Ir a un monumento emblemático
- 222 Disfrutar del carril bici
- 223 Ver la ciudad desde el edificio más alto
- 224 Asistir a un taller de manualidades
- 225 **Dibujar sombras**   *¿Qué se os ocurre?*
- 226 Jugar a no salirse de la línea
- 227 Papiroflexia   *Ommm... Shanti shanti*
- 228 Asistir a una clase de yoga
- 229 Laberinto en la acera
- 230 Frases con vocales
- 231 Hacer la maleta
- 232 **Ratón, que te pilla el gato**
- 233 Ir en ferri
- 234 Visitar un horno tradicional
- 235 Saltar en colchonetas
- 236 Subir en un teleférico
- 237 El espejo (hacer lo que yo haga)

Ideal para trabajar la simetría

ACTIVIDADES: Naturaleza en familia

- ○ 258 **Kit naturaleza**
- ○ 239 Visitar almendros en flor
- ○ 240 Recolectar flores
- ○ 241 Bandeja de arena
- ○ 242 Medir el grosor de un árbol
- ○ 243 Contar los anillos en la madera
- ○ 244 Crear mandalas de piedras
- ○ 245 Correr por la orilla de la playa
- ○ 246 Recoger castañas
- ○ 247 Pintar la forma del tronco de un árbol
- ○ 248 Coger un bicho para observarlo
- ○ 249 Atrapasueños
- ○ 250 Observar conchas marinas
- ○ 251 Embarrarse
- ○ 252 Plantar un árbol
- ○ 253 Rodar por el césped
- ○ 254 Hacer un pastel de nieve
- ○ 255 Hacer una cabaña bajo un árbol
- ○ 256 Abrazar un árbol
- ○ 257 Excursión nocturna para ver las estrellas
- ○ 258 Limpieza en la playa/bosque
- ○ 259 Dibujar en la arena
- ○ 260 Soplar dientes de león
- ○ 261 Historias contadas con piedras
- ○ 262 **Cómo respira una planta**
- ○ 263 Vela natural
- ○ 264 ¿Qué tocas?
- ○ 265 Enterrar los pies en la arena de la playa
- ○ 266 Tirarse en trineo
- ○ 267 Hacer una corona para decorar la puerta o la pared con hojas
- ○ 268 Observar piedras
- ○ 269 Crear un camino sensorial
- ○ 270 Hacer un pícnic

- ○ 271 Crear un muñeco de nieve
- ○ 272 Visitar una reserva natural de animales y plantas
- ○ 273 Pintar en la nieve
- ○ 274 Visitar una granja
- ○ 275 **Plumeros naturales**
- ○ 276 Hacer un ambientador con naranja y clavos
- ○ 277 ¿Hace viento?
- ○ 278 Jabón de baño
- ○ 279 Día de barro y lluvia
- ○ 280 Palos de lana
- ○ 281 Erizos de piña
- ○ 282 Respira, reconecta
- ○ 283 Texturas naturales
- ○ 284 Hacer un castillo de arena
- ○ 285 Telar con elementos naturales
- ○ 286 Ruta de senderismo
- ○ 287 Dormir bajo las estrellas
- ○ 288 **Ojo de dios Huichol**
- ○ 289 Historias alrededor del fuego
- ○ 290 Pinceles con palos y elementos naturales
- ○ 291 Dibujar caras en las hojas
- ○ 292 Encuentra el árbol
- ○ 293 Crear números con piedras
- ○ 294 Refugio para los insectos
- ○ 295 Ver atardecer
- ○ 296 Figuras con barro y elementos naturales
- ○ 297 Coser pétalos de flores y hojas para hacer collares
- ○ 298 Doblar el agua
- ○ 299 Ver amanecer
- ○ 300 Pigmentos naturales
- ○ 301 **Biodegradación**
- ○ 302 Observar renacuajos en una charca
- ○ 303 Disfrutar de un arcoíris
- ○ 304 Cartulina negra para ver las telarañas

¡Qué bien huele!

Cuidamos del planeta

Recordad el chubasquero

Pintar a lo antiguo

¡Qué fresquito!

Buscad un lugar bien alto

Así salen los colores

Podéis marcar si
ya habéis hecho
la actividad

- 305 Dibujando la sombra de un árbol
- 306 Crear un cuadro con barro de diferentes tonalidades
- 307 Hacer un perfume de lavanda
- 308 Pintar un dibujo y que el soporte sea el tronco de un árbol
- 309 Construir un reloj solar
- 310 Jugar en los charcos de la lluvia con juguetes acuáticos
- 311 Ensartar plumas en abalorios
- 312 Buscar los primeros indicios de la primavera
- 313 Dibujar en un espejo en la naturaleza
- 314 **Experimento con la clorofila**
- 315 Platos con formas
- 316 Subir a una bala de paja
- 317 Brochetas de hojas
- 318 Equilibrios en troncos caídos
- 319 ¿Cómo hacer que la manzana no se "oxide" cuando está pelada?
- 320 Pintar en un folio y después dejarlo bajo la lluvia
- 321 Helados de tierra, flores y hojas
- 322 La bolsa misteriosa
- 323 Botellas sensoriales de lupa
- 324 Saquitos aromáticos
- 325 Cantar bajo la lluvia
- 326 Deshidratar fruta
- 327 **Comedero de pájaros**
- 328 Soporte de vela hecho con naranja
- 329 Hacer tartas de barro en plena lluvia
- 330 Pluviómetro con una taza: ¿cuánto llueve en 15 minutos?
- 331 Regar el huerto
- 332 Cultivar verduras y frutas de temporada
- 333 Recoger la cosecha
- 334 Descubrir 6 tesoros que nos regala la naturaleza y guardarlos en una huevera

Verde que te quiero verde

Singing in the rain

- 335 Buscar objetos de la naturaleza con un color determinado
- 336 Guirnalda con cítricos
- 337 Encuentra lo que pone en la hoja
- 338 Lanzarse hojas de otoño
- 339 *Collage* de la naturaleza
- 340 **Limpiar manzanas**
- 341 Tres en raya de la naturaleza
- 342 Móvil natural
- 343 Corona de hielo
- 344 Ir de camping
- 345 Nadar en un río
- 346 Los planetas giran alrededor del Sol
- 347 Germinar una semilla
- 348 Buscar una muda de cigarra
- 349 Subir a un tractor
- 350 Hacer saltar piedras en el río
- 351 Volteretas en un prado
- 352 Coger pipas de girasol
- 353 **Reciclar papel**
- 354 Charcos en la playa
- 355 Pasear por una arboleda
- 356 Guirnalda de palomitas de maíz para pájaros
- 357 Visitar un observatorio de aves
- 358 Vestir un árbol
- 359 Paseo en canoa
- 360 Celebrar el día de la Tierra
- 361 Pasar entre los maizales
- 362 Observar peces
- 363 Trepar rocas
- 364 Recoger algarrobas del monte
- 365 Collares con cáscara de nuez

Otoño llegó, marrón y amarillo...

El agua está fresquíbiri

Cambio de look

La Tierra gira alrededor del Sol...

BENEFICIOS DEL
Hogar en familia

1 ERROR COMO PARTE DEL APRENDIZAJE

Es fundamental entender que equivocarse es parte del proceso de aprendizaje tanto para personas adultas como para la infancia. La familia tiene que ofrecer esta oportunidad.

2 COOPERAR Y COMPARTIR

Para que funcione un hogar de manera saludable todas las personas que lo formamos debemos entender que es necesario colaborar entre todas y todos y compartir inquietudes, tareas, soluciones, actividades. ¡Colaborar puede ser divertido!

RESPONSABILIDAD 3

Las tareas del hogar y otras actividades que se lleven a cabo en este lugar muestran el valor de la responsabilidad.

4 ORGANIZACIÓN

Crear un clima de orden a veces no significa que esté todo impoluto, simplemente que seamos conscientes de que nuestras actuaciones pueden repercutir a otras personas de la familia y que a veces es importante llegar a acuerdos para que todas las personas estén a gusto y exista, por tanto, una buena organización.

5 PACIENCIA

Las cosas no se consiguen de un día para otro, sobre todo, teniendo en cuenta el principio fundamental "el error es parte del aprendizaje" las personas no somos perfectas. Equivocarse es un regalo de la vida para poder entender cuándo se está aprendiendo. La paciencia debe ser en muchas ocasiones el pilar que sustente la familia.

6 RESPETO

Respetar a todas las personas de la familia es esencial. Todas las personas estamos aprendiendo de una u otra manera y, por encima de todo, debemos darle prioridad e importancia al respeto.

1 La caja misteriosa

❄ ❀ ☀ 🍁 + 2 años

🕐 15 minutos

Cogemos una caja de cartón. En un lateral de la caja cortamos dos círculos para meter nuestras manos. El otro lado
de la caja lo dejamos abierto. De esta forma una persona
tendrá que estar a un lado, con las manos en los agujeros,
y la otra persona estará al otro lado colocando objetos. La
intención del juego es que a través del sentido del tacto
podamos adivinar el objeto que estamos tocando.

CURIOSIDAD

El sentido estereognóstico se incluye dentro
del área sensorial del aprendizaje. Es la
capacidad de reconocer un objeto sólo con
el tacto. Las personas vamos asociando y
realizando conexiones de lo que nuestras
manos tocan y mandamos la información al
cerebro sobre ese objeto.

2 Bigotes y pelucas de espuma

❄ ❀ ☀ 🍁 + 12 meses

🕐 20 minutos

Podemos hacer que los momentos del baño se convier-
tan en recuerdos especiales. Sólo necesitamos la bañera
y cualquier gel de baño. Mientras llenamos la bañera
creamos la espuma y ¡a llenarnos de bigotes, barbas,
gafas y pelo de espuma!

3 Pintar en ventanas

❄ ❀ ☀ 🍁 + 14 meses

🕐 15 minutos

Dibujar la luna, un nombre o un árbol. Podemos plasmar
cualquier cosa en una ventana o cristal. Utilizaremos
rotuladores especiales para dar rienda suelta a nuestro
espíritu artístico y que comience a volar nuestra imaginación a través de otras texturas y formas distintas al papel.
Será un motivo para estar en familia y hacer una obra
de arte que cualquier persona que entre en casa pueda
contemplar.

4 Arte en papel continuo

❄ ❀ ☀ 🍂 + 12 meses

🕐 15 minutos

Pinturas, manos, pies y papel continuo. Las posibilidades son casi infinitas. ¡Dibujemos todas las historias que imaginemos!

Y, si la criatura es muy pequeña, siempre podemos mezclar yogur con colorante alimentario, que pinta el papel igual pero no representa ningún peligro si se lo lleva a la boca.

5 Acampamos en casa

❄ ❀ ☀ 🍂 + 2 años

🕐 20 minutos

¿Sin tiempo para viajar? No tenemos por qué preocuparnos. El salón de casa, por muy pequeño que sea, siempre tendrá espacio para colocar una minitienda de campaña (de las que utilizamos en un camping, pero sin clavar nada al suelo). Una experiencia inolvidable y auténtica. Una cueva para refugiarse, donde albergar sueños y contar historias a la luz de unas linternas.

6 Fiesta de pijamas

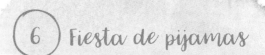

❄ ❀ ☀ 🍂 + 2 años

🕐 20 minutos

¡La diversión ha llegado a casa! Es el momento de ponernos el pijama. Preparamos una cena para comer con las manos, mantas y cojines por todas partes, un poco de música y ¡a disfrutar!

7 Noche de cuentacuentos

❄ ✿ ☀ 🍂 + 1 año

🕐 20 minutos

Otro de los planes para hacer en familia es contar historias: una manta de esas bien calentitas y una pila de cuentos, uno encima de otro, en una cabaña improvisada, el sofá o la cama. Cualquier lugar es bueno para leer ¡y soñar!

8 Día de los globos

❄ ✿ ☀ 🍂 + 2 años

🕐 20 minutos

¿Os imagináis una habitación llena, hasta arriba, de globos de colores? Nos harán falta muchos globos de todos los tonos, llenar bien los pulmones de aire o coger un inflador y ¡a soplar! ¡Que no quede un rincón sin globos!

9 Cuadro de manos familiares

❄ ✿ ☀ 🍂 + 1 año

🕐 20 minutos

Una de las cosas más entretenidas que podemos hacer es embadurnarnos con pintura las manos. En una hoja o lienzo podemos plasmar las huellas familiares y guardarlas para siempre. Incluso podemos hacerlo cada año y ver cómo cambian.

Si os gusta la experiencia, ¡no paréis! Podéis dibujar también un árbol, una gallina, un tren y a todos sus pasajeros. O cualquier otra cosa que queráis.

(10) Pícnic en el salón

❄ ✿ ☀ 🍁 + 2 años

🕐 20 minutos

¿Que hace mal tiempo fuera? ¡No hay problema! ¿Dónde está ese mantel de cuadros? ¿Y la cestita de mimbre? Un buen pícnic en el suelo de casa siempre es un buen plan: snacks, fruta, frutos secos, bocadillos, bebida y ¡todo listo para disfrutar de este momento familiar! No hace falta irse lejos para vivir momentos inolvidables.

(11) Poner la lavadora

❄ ✿ ☀ 🍁 + 1 año

🕐 10 minutos

A nuestras criaturas les gusta explorar, descubrir, investigar y conocer cada día algo nuevo. También, sentir que consiguen día a día un poco más de autonomía. Por esta razón, algo tan sencillo y útil como poner la lavadora es una actividad ideal para toda la familia. Además, admite todas las edades y trabajar en equipo porque unas personas pueden dedicarse a meter la ropa, otras programar el lavado, otras tenderla... ¡el trabajo en equipo es siempre una buena opción!

(12) Búsqueda de tesoro casero

❄ ✿ ☀ 🍁 + 2 años

🕐 20 minutos

Un objeto querido escondido en cualquier rincón, un mapa de nuestra casa y diferentes pistas que debemos seguir nos van a llevar a vivir una aventura divertidísima sin salir de casa.

Podéis encontrar una plantilla para vuestro mapa del tesoro en
www.aprendiendoconmontessori.com

(13) Spa en casa

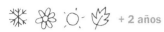 + 2 años

🕐 1 hora

¡Es hora de relajarse!

No hace falta irse a lugares exóticos para combinar y convertir diversión y relajación en un plan perfecto. En casa, con los materiales adecuados, se pueden hacer maravillas. Además, seguro que ya tenemos más de la mitad.

Es importante escoger un lugar tranquilo y recogido de la casa para llevar a cabo la actividad. La prioridad es estar en familia.

Después tan sólo nos queda la puesta en escena, bien organizada, como si de verdad estuviéramos en un spa.

Un fantástico circuito puede empezar con los pies en un balde de agua caliente o fresca, según la estación del año, o ambas para crear contraste térmico. Podemos seguir con masajes con aceite en el sofá o la cama y continuar ayudándonos a ponernos crema, una mascarilla o cualquier cosa que se nos ocurra. Por último, reposaremos en los asientos unos minutos de relax en paz y armonía.

MATERIALES

- Balde
- Toalla de mano
- Albornoz
- Toalla para el pelo
- Cremas y aceites
- Rodillo masajeador
- Antifaz opaco
- Pintaúñas
- Sillas o sillones para cada familiar (según lo que necesite cada persona)
- Cama o sofá y una toalla o sábana para protegerlo

CURIOSIDAD

En Roma, Grecia y Egipto ya disfrutaban de baños termales, de cremas perfumadas y de masajes. Pero no todas las personas tenían la misma suerte en todas esas culturas y, a veces, sólo quienes tenían más riquezas podían purificar sus cuerpos.

14 Puente de cojines

❄ ❀ ☀ 🍁 + 3 años

🕐 15 minutos

Hacemos un camino de cojines en el pasillo o en el lugar que más nos guste. Si tenemos dos sofás podemos ponerlos de sofá a sofá creando un puente que tenemos que atravesar. La idea es andar por encima de los cojines intentando no caernos, como si alrededor de los cojines hubiera agua, como si estuviéramos atravesando un puente rodeado de peligros emocionantes o andando sobre las nubes por el cielo.

15 El bote de las palabras bonitas

❄ ❀ ☀ 🍁 + 4 años

🕐 20 minutos

Decoraremos un bote de cristal, por ejemplo, de una conserva, e iremos introduciendo palabras cualquier día a cualquier hora. Puede que las queramos meter porque nos resulten interesantes, graciosas o misteriosas o, simplemente, porque nos guste cómo suenan. Cuando tengamos unas cuantas, podremos jugar a sacar palabras por turnos, ver cuál nos toca y contar qué nos hace sentir.

Podéis encontrar etiquetas ya dibujadas para vuestro bote en **www.aprendiendoconmontessori.com**.

16 Organizar el perchero

❄ ❀ ☀ 🍁 + 18 meses

🕐 25 minutos

Para organizar nuestro perchero podemos colocar una ilustración, una palabra o las dos cosas encima de cada colgador. Nos ayudará a encontrar con más facilidad las cosas y a que cada prenda tenga su lugar. Es importante recordar que el perchero tiene que estar a la altura de toda la familia, tanto para las personas más grandes como para las más pequeñas.

Podéis encontrar etiquetas ya dibujadas para vuestro perchero en **www.aprendiendoconmontessori.com**.

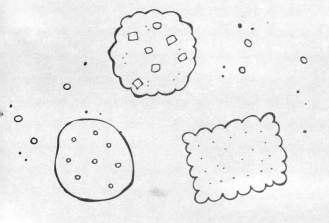

17 Galleta y bocado

❄ ✿ ☀ 🍂 + 4 años

🕐 5 minutos

Tenemos que ponernos una galleta en el ojo para que vaya deslizándose por nuestra cara, poco a poco, hasta conseguir que llegue a nuestra boca para comérnosla ¡sin que se caiga antes! Cuidado: las risas están aseguradas y complican la operación.

18 Marionetas con rollos del baño

❄ ✿ ☀ 🍂 + 4 años

🕐 20 minutos

¿Quién dijo que los rollos de papel higiénico eran sólo para el baño? ¡Ahora podemos darle un uso ingenioso! Unos ojos, una boca, pelo, ropa... ¡todo lo que se nos ocurra para crear los personajes más graciosos hechos con rollos! ¡Que empiece el show!

19 Plátanos rebozados

❄ ✿ ☀ 🍂 + 2 años

🕐 10 minutos

Esta es una actividad especialmente dulce. Cortamos un plátano por la mitad, ponemos un palo de polo, piruleta o brocheta en cada mitad y rebozamos en crema de cacahuete, anacardos o chocolate. Luego los pasamos por copos de avena, almendras picadas (frutos secos aconsejable a partir de 5 años), pasas o lo que nos guste más y ¡listo para comer!

20 Vaciar una calabaza

🍁 + 2 años

🕐 20 minutos

Importante una calabaza por persona. Primero la abrimos por arriba y, después, con una cuchara empezamos a sacar el contenido: las semillas podemos asarlas y comerlas como pipas, mientras que la pulpa está riquísima salteada, horneada, en crema o mermelada. Y con la calabaza vacía podemos hacer, por ejemplo, una maceta o hacerle agujeros, ponerle velas y tendremos un farol. ¡Hay tantas posibilidades!

21 Pies pintores

❄️ 🌼 ☀️ 🍁 + 2 años

🕐 20 minutos

Un recipiente bajito y resistente para poner pintura de dedos y papel continuo en el pasillo, bien cubierto para no manchar el suelo. Después mojamos los pies en la pintura y caminamos sobre el papel, despacio, marcando bien las huellas o de puntillas o de lado. Debemos fijarnos en cómo cambian las huellas según la posición del pie. Al final del pasillo tendremos preparada una palangana con agua para limpiarnos bien los pies y una toalla para secarnos. Sólo queda coger el trozo que más nos guste y ya tenemos un cuadro original para colgar en casa. ¡Incluso puede ser más de uno!

22 Saltamos en la cama

❄️ 🌼 ☀️ 🍁 + 18 meses

🕐 5 minutos

Para descargar energía, para reírnos, para hacer algo en familia divertido... ¡qué rápido crecemos y qué poco saltamos en la cama!

23) Mañana de masajes

❄ ❀ ☀ 🍂 + 4 años

🕐 5 minutos

Aceites, cremas perfumadas, rodillos, plumas, telas.
Por turnos nos vamos dando masajes. Creamos el
mejor ambiente para relajarnos y hacernos masajes
en la parte del cuerpo que escojamos ¡si nos gustan, las cosquillas están permitidísimas!

24) Fotos en familia

❄ ❀ ☀ 🍂 + 1 año

🕐 15/20 minutos

Recordar nuestro pasado es parte importante de nuestra
historia. ¿Quién ese señor con gafas? ¿Por qué la abuela
llevaba ese peinado tan raro? ¿Qué lugar es ése? ¿Qué cosas
hacíamos? ¿Dónde viajamos y cómo? Ver fotos en familia es
una excusa perfecta para recordar momentos y reír, llorar,
abrazarnos y conocernos un poco más.

25) Limpiamos

❄ ❀ ☀ 🍂 + 18 meses

🕐 10/20 minutos

Cada persona de la familia se ocupará de limpiar una
zona de la habitación. Unas podemos barrer, otras
quitar el polvo, otras recoger los objetos y dejarlos en
su lugar. Y, cómo no, ¡tenemos que poner música que
nos anime a movernos por toda la casa y hacer que la
actividad sea más festiva!

(26) Experimento volcán

❄️ 🌸 ☀️ 🍁 + 2 años

🕐 30 minutos

Sí, sí, no hace falta viajar a la otra punta del mundo para ver un volcán. Pero éste no es un volcán cualquiera ¡está dentro de nuestro propio hogar! Y lo podemos hacer con elementos que seguro tenemos en casa.

Primero amasamos la plastilina para ablandarla y con ella moldeamos las faldas y el cuerpo del volcán encima de una bandeja grande, dejando un hueco en medio que será la chimenea por la que salga nuestra lava.

Cuando lo tengamos, fabricaremos nuestra cámara magmática: ponemos bicarbonato en un vasito de café y, opcionalmente, colorante alimentario rojo para dar color y detergente para crear espuma, y lo introducimos en el interior del volcán.

Por último meteremos un chorrito de vinagre y ¡flush! ¡Volcán en erupción!

MATERIALES

- Plastilina marrón y naranja/roja
- Bicarbonato
- Colorante alimentario rojo
- Vinagre de manzana
- Lavavajillas concentrado para lavar a mano

CURIOSIDAD

La tierra que queda después de la erupción de un volcán puede ser muy fértil. Si se cultiva puede dar muy buenos resultados, incluso mucho tiempo después. Aunque quizá no queramos vivir cerca de un volcán en erupción.

(27) Abdominales de risa

❄ ✿ ☀ 🍁 + 4 años

🕐 15 minutos

Para este juego vamos a sentarnos en el suelo, pero, atención, no de cualquier manera. Es importante formar un tren con todas las personas sentadas. Una vez estemos unas detrás de otras debemos apoyar nuestra cabeza sobre la tripa de quien tengamos detrás. A continuación, la primera persona del tren se incorporará de golpe riéndose con un "¡ja!". ¡Fuerte! ¡Que se oiga hasta en Nueva Zelanda! La siguiente seguirá con dos: "¡ja! ¡ja!". La tercera, con tres: "¡ja! ¡ja! ¡ja!", y así hasta llegar a la última. ¡Arriba y abajo esas cabezas y esos estómagos! ¿Quién dice que el ejercicio no puede ser divertido?

(28) Las Cunitas

❄ ✿ ☀ 🍁 + 5 años

🕐 5 minutos

Para esta actividad necesitamos un cordel grueso de un metro de largo. Se puede jugar por parejas o por turnos. Para comenzar hacemos un nudo al cordel y lo sostenem alrededor de nuestras manos, creando una figura con ayu de nuestros dedos. Una vez creada la figura otra persona observa la forma que ha tomado el cordel, la coge con lo dedos y crea otra figura a partir de ésta. ¡Se pueden hace tantas formas y figuras como queramos!

CURIOSIDAD

Las cunitas es un juego tradicional conocido en muchísimos lugares del mundo: Japón, Hawái, Francia... En algunas culturas se considera un arte.

(29) Adivina el gesto

❄ ✿ ☀ 🍁 + 5 años

🕐 30 minutos

En este juego familiar vamos a tener que poner todo nuestro empeño. Por turnos comunicaremos al oído a otra persona algo que nos guste mucho: un plato de comida, nuestro libro favorito, una canción, un lugar paradisíaco. La otra persona, después de escucharnos, tendrá que intentar que las demás personas de la familia adivinen de qué se trata por medio de gestos. Después iremos cambiando los roles para que todas las personas de la familia podamos expresar lo que nos gusta o lo que le gusta a otra. ¡Una manera graciosa de conocernos un poco mejor!

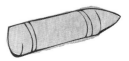

30 Arreglos florales

❄️ 🌼 ☀️ 🍁 + 18 meses

🕐 15/20 minutos

Recolectamos flores de nuestro barrio o del bosque y las llevamos a casa. Después preparamos pequeños jarrones de cristal, una jarrita de agua —se irá rellenando con el agua justa cada vez—, tijeras, un embudo y posa manteles.

Cada persona de la familia cogerá un jarrón y lo irá decorando con las flores que más le gusten hasta tener un arreglo floral para adornar la casa.

31 Telaraña colgante

❄️ 🌼 ☀️ 🍁 + 4 años

🕐 20/30 minutos

Para esta actividad sólo hace falta un aro —cuanto más grande sea, más fácil será la actividad—, cinta adhesiva y papel higiénico. Con la cinta hacemos una telaraña alrededor del aro. Colgamos el aro en una puerta y hacemos bolas con el papel. Lanzamos por turnos las bolas a la telaraña intentando que se queden pegadas. Luego contamos cuántas bolas hemos sido capaces de reunir entre toda la familia.

32 Pintar una bolsa para la compra

❄️ 🌼 ☀️ 🍁 + 4 años

🕐 5 minutos

Pinturas o rotuladores de tela para darle una nueva vida a un saquito o mochila usados. Toda la familia elige los colores que quiere utilizar para su obra de arte y ¡a pintar! Podremos ir a la compra con este saquito tan original y único.

(33) Volley Glob

❄ 🌼 ☀ 🍁 + 4 años

🕐 20 minutos

Para nuestro partido de vóley primero construimos una red.
Podemos atar una sábana entre dos sillas. Después tenemos
que inflar un globo y pasárnoslo de lado a lado de la red.
¡Vamos a intentar que el globo no caiga al suelo!

(34) Collares con pasta

❄ 🌼 ☀ 🍁 + 2 años

🕐 20 minutos

A la hora de elegir qué pasta queremos usar tenemos que pensar que debe facilitarnos el ensartar un trozo de lana o goma
a través de ella. Podemos tintar la pasta con agua y tintes
alimentarios, depositando la pasta durante unos minutos u horas dentro de un bol con agua y colorante para hacer nuestras
joyas más bonitas todavía. Después sólo hay que dejar secar
la pasta y podremos crear los collares pasando la lana a través
de la pasta.

(35) Espray de limpieza

❄ 🌼 ☀ 🍁 + 2 años

🕐 15 minutos

Lo que vamos a necesitar es: 1 taza de agua destilada, 1 taza de vinagre, 20 gotas de aceite esencial de
limón y 20 gotas de aceite esencial de árbol de té.

Mezclamos todo como si fuera una pócima mágica
y lo metemos en una botella de spray para poder
limpiar los muebles de casa.

36 Hacer postales

❄ ✿ ☀ 🍁 + 2 años

🕐 20 minutos

Un surtido de materiales de papelería: cartulinas, rotuladores, pegamento, papelitos, acuarelas, tijeras y todo aquello que se nos ocurra para crear postales de cualquier tema. No hace falta una celebración concreta para crearlas y enviarlas. A todas las personas nos gusta recibir una sorpresa bonita. Extendemos todo el material en la mesa familiar y ¡que vuele la creatividad!

Podéis encontrar sellos ya dibujados y plantillas para crear los vuestros en **www.aprendiendoconmontessori.com**

37 Crear tíquets

❄ ✿ ☀ 🍁

🕐 15 minutos

Cogemos folios de todos los colores, los recortamos con diferentes formas y dibujamos encima. Podemos crear tíquets, monedas y billetes, materiales que luego podremos utilizar en nuestro juego simbólico.

Podéis encontrar tíquets ya dibujados en **www.aprendiendoconmontessori.com**

38 Pompas de jabón

❄ ✿ ☀ 🍁 + 12 meses

🕐 5/15 minutos

¿Sabéis que esos cacharros para hacer pompas se llaman "pomperos"? Pues necesitamos un pompero para cada persona de la familia. Así, mientras una crea las burbujas, las demás podemos disfrutar de cogerlas, perseguirlas, explotarlas con la mano u observar cómo vuelan hacia arriba hasta explotar. O podemos crear todos y todas pompas a la vez.

(39) Pista de baile

❄️ 🌸 ☀️ 🍁 **+ 12 meses**

🕐 20 minutos

La escenificación en esta actividad es una parte fundamental: luces, guirnaldas, globos... todo lo que se nos ocurra para decorar la casa como si fuese una auténtica fiesta. Cada persona de la familia puede elegir qué canciones o grupos de música le apetece poner. Incluso podemos hacer distintos turnos para encargarnos de poner la música.

---

(40) Recital de trabalenguas, poemas y chistes

❄️ 🌸 ☀️ 🍁 **+ 6 años**

🕐 30 minutos

Cada persona de la familia, por turnos, recita un poema, trabalenguas o chiste. Si queremos hacerlo un poco más difícil, aunque también más chistoso, podemos colocarnos en la boca una cuchara con una pequeña pelota encima y recitar intentando que no se nos caiga ni la cuchara ni la pelota, ¡y que no se nos escape la risa!

(41) Obstáculos en el pasillo

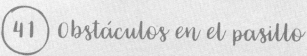

❄️ 🌸 ☀️ 🍁 **+ 2 años**

🕐 25 minutos

Esta actividad requiere que el pasillo quede despejado. Colocamos cinta adhesiva, cuerda o cordones de un extremo a otro de la pared creando una cenefa que tengamos que ir esquivando. El desafío está en atravesar el pasillo intentando no tocar las cintas ¡ni quedarnos pegados o pegadas!

42 Show de magia

❄ ✿ ☼ 🍂 + 2 años

🕐 15/20 minutos

¡Abracadabra pata de cabra! ¿A quién no le gusta disfrutar de un buen espectáculo? La magia nos resulta emocionante a todas las personas, especialmente en la infancia, dispuestas a participar en cada juego. Así que siempre es un buen día para sorprendernos, para ponernos la chistera, hacer aparecer y desaparecer objetos, disfrutar de la sorpresa...

La preparación también es una parte importante. Podemos elegir indumentaria, decidir qué decorado será el que presida el show, qué juegos de magia vamos a hacer...

CURIOSIDAD

René Lavand fue un ilusionista que sólo tenía una mano. Especializado en cartomagia, repartía ilusión por todo el mundo con su mítica frase "no se puede hacer más lento".

MATERIALES

- Juegos de magia
- Chistera
- Escenario casero

"Si crees, existe."

Antonio Navarro

TA-TA-CHAAAN

43 Crear efecto dominó

☀ + 4 años

🕐 15/20 minutos

Para esta actividad necesitamos piezas de madera de construcción. Se colocan unas al lado de otras formando una gran línea en el suelo de casa. Cuantas más piezas, más interesante será el recorrido del dominó. ¿Es posible recorrer toda la casa con una estructura larguísima de efecto dominó? ¡Puede ser increíble!

45 Ir a la piscina en la ducha

❄ ✿ ☀ 🍁 + 3 años

🕐 15 minutos

Ir a la piscina puede ser un buen plan. Y si queremos ponerle más originalidad podemos hacerlo en la ducha de casa con bañadores y gorros de nadar. No es necesario tener que sumergirnos para estar en una piscina. También existen este otro tipo de baños donde simplemente mojarnos un poco y reírnos.

44 Maquillarnos con los ojos vendados

❄ ✿ ☀ 🍁 + 18 meses

🕐 15 minutos

¡Esto sí puede ser una experiencia única! Es importante dejar todo el material de maquillar en un cestito o una mesa para que la persona que vaya a maquillar con los ojos vendados sea capaz de encontrar con facilidad las cosas. Lo mejor es turnarnos entre toda la familia para que así probemos todos los roles: ser la persona que maquilla o la que es maquillada. ¿Lo mejor? ¡Ir a mirarnos al espejo a descubrir el resultado final!

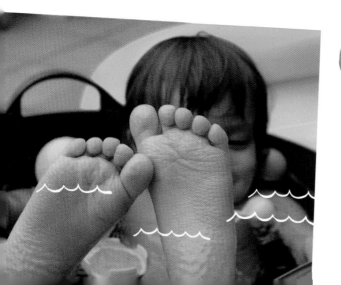

46 Bañarse en un balde

☀ + 18 meses

🕐 15 minutos

Si tenemos una zona exterior en casa será el lugar ideal para compartir esta actividad porque no tendremos que preocuparnos por si salpicamos. La gran prueba será cuando algún adulto intente meterse en el balde. Podemos imaginarnos dónde terminará el agua, ¿verdad? ¡Pues a disfrutar!

47 El robot

❄ ✿ ☀ 🍂 + 2 años

🕐 5 minutos

La niña o niño se sube encima de los pies de un adulto, colocando los suyos encima. El adulto ofrece sus manos para que la criatura se coja y, con sus movimientos, la transportará. Debemos recordar que es importante moverse a golpecitos, ¡co-mo-un-ro-bot!

48 Caminar a gatas por toda la casa

❄ ✿ ☀ 🍂 + 8 meses

🕐 15 minutos

Aunque parezca una actividad más propia de la infancia, es una de las que más puede acercarnos a la percepción de nuestras criaturas. Esta actividad consiste en recorrer la casa a gatas, toda la familia, y tratar de ver cada rincón del hogar desde la miniperspectiva.

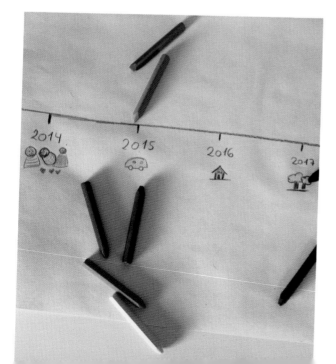

49 La línea del tiempo familiar

❄ ✿ ☀ 🍂 + 5 años

🕐 25 minutos

¡El tiempo hecho recuerdo!

En cartulina podemos crear nuestra propia línea del tiempo familiar. ¿Qué día nos conocimos? ¿Cómo? ¿Cuándo nacimos? ¿Dónde? ¿Cuándo empezamos a caminar? En esta línea temporal pondremos todas las fechas importantes de nuestra familia. Además, podemos colocar dibujos que identifiquen las fechas y también una frase o anécdota de ese momento. Luego, si queremos, podemos enmarcarlo. Incluso hacer una línea del tiempo de cada año que pasemos en familia.

CURIOSIDAD

Almacenamos más recuerdos en nuestra cabeza en un solo día de vacaciones que en una semana de rutinas.

50 Qué falta en la habitación

❄ ❀ ☼ 🍁 + 4/5 años

🕐 30 minutos

Elegimos una persona de la familia para salir de la habitación (saldremos por turnos). Una vez salga, las personas que quedamos dentro de la habitación movemos un objeto, el que queramos. Después de moverlo, avisamos a la persona que está fuera para que vuelva a entrar y adivine qué está fuera de su lugar.

51 Hacemos una cabaña (en la mesa del comedor)

❄ ❀ ☼ 🍁 + 2 años

🕐 15 minutos

Una cabaña no tiene por qué ser de madera ni estar en medio del bosque. Si tenemos mesa en el comedor o la cocina solamente nos hace falta una gran sábana para cubrir toda la mesa y que tape hasta el suelo. Así tendremos un refugio en el que guardar nuestras cosas, jugar, tumbarnos y tener un lugar diferente y original en el que estar.

52 Escondite en casa

❄ ❀ ☼ 🍁 + 1 año

🕐 15 minutos

¡Este juego no podía faltar! Una persona cuenta mientras las demás se esconden: dentro de los armarios, debajo de las mesas, detrás de las puertas. ¿Cuál puede ser el mejor escondite? ¡A pensar!

53 Fiesta de talentos

❄ ❀ ☼ 🍁 + 2 años

🕐 30 minutos

Todas las personas tenemos un talento, algo que se nos da especialmente bien hacer. Podemos crear el escenario marcándolo con cinta adhesiva, mientras que casi cualquier objeto, desde un lápiz con una bola de plastilina encima hasta una chancleta, puede ser el mejor de los micrófonos. Sólo faltará un equipo de música, una persona caracterizada para presentar los talentos que vayan saliendo a escena ¡y a lucirse y pasárselo pipa cantando, bailando, recitando, actuando o malabareando!

54 Exposición de arte

❄ ✿ ☀ 🍁 **+ 2 años**

🕐 20 minutos

Podemos dedicar un espacio del hogar a colocar nuestras creaciones, tanto si son en papel como si se trata de esculturas. Para las láminas podemos utilizar marcos de fotos, un expositor de madera o simplemente una cuerda enganchada de lado a lado de la pared con unas pinzas. Para las esculturas podemos poner una pequeña estantería o hacer un poco de hueco en alguna que tengamos para ir colocando nuestras obras conforme las vayamos creando. ¡Todo listo para crear y exponer nuestro arte!

55 Pisadores de uva

❄ ✿ ☀ 🍁 **+ 18 meses**

🕐 15 minutos

Un balde y muchas uvas. Colocamos las uvas en el balde, nos descalzamos, nos lavamos bien los pies con agua y jabón y ¡que comience el baile! ¡A chafar toda la uva hasta hacer zumo!

56 Sesión de peluquería

❄ ✿ ☀ 🍁 **+ 2 años**

🕐 10 minutos

¡Con pelos y a lo loco!

Seguro que al leer esta actividad nos ha entrado pánico al pensar que las tijeras iban dentro del material a utilizar, pero ¡NO! No nos arriesgaremos a que se pongan de moda los peinados con trasquilones. Las cabezas que vamos a utilizar para diseñar nuestros peinados van a ser mochos ¡SÍ, MOCHOS! Debemos colocar los mochos en un soporte, lo ideal es que, si jugamos toda la familia, cada persona tenga su mocho para diseñar su peinado. Tijeras, coleteros, diademas, ganchos es todo lo que necesitamos para hacer un peinado original.

Tienda de helados

  + 4 años

🕐 20 minutos

¡Al rico helado!

¿A quién no le gustan los helados? Se podría decir que a día de hoy los hay para todos los gustos, incluso los sabores más estrafalarios. Así que poner una tienda de helados en casa puede ser todo un acontecimiento.

Nos hará falta colocar una mesa a modo de mostrador y varios tarritos de plastilina de colores. ¡Imaginación al poder!

Podemos colocar en cada tarrito de color el nombre del helado que queramos, incluso nombres exóticos como "helado de nubes" o "helado de flores". Al lado de cada tarro podemos colocar su valor en tíquet: "1 tíquet, 2 tíquets...".

Podéis encontrar materiales para vuestra tienda de helados en **www.aprendiendoconmontessori.com**.

MATERIALES

- Plastilina de colores
- Cuchara de helados
- Cucuruchos de papel
- Cucharillas pequeñas
- Tíquets imprimibles
- Etiquetas con el nombre del helado imprimibles
- Delantal

CURIOSIDAD

Los helados no paran de avanzar. Si pensamos en cualquier comida seguro que existe en helado. Hay helados con sabor a pescado, pimiento, espaguetis, callos, entre otros muchos. ¿Os comeríais alguno de esos?

(58) Doblar la ropa

❄️ ❀ ☀️ 🍁 + 3 años

🕐 20 minutos

Un lugar donde dejar toda la ropa limpia y una mesa para poder doblar. ¡Manos a la obra! Doblamos la ropa para después dejarla en los armarios y cajones correspondientes.

(59) Momento de mimos y cosquillas

❄️ ❀ ☀️ 🍁 + 0 meses

🕐 5 minutos

Un momento cálido, una caricia, explicar lo que estamos haciendo con palabras suaves. Y para las personas que estén en la adolescencia o a punto de llegar, lo mejor es un buen momento de sofá, de risas, de mimos, de conversaciones interesantes.

(60) Ponemos la mesa

❄️ ❀ ☀️ 🍁 + 18 meses

🕐 5 minutos

Vasos, cubiertos, platos y ¡todo listo al alcance de todas las personas de la familia! ¡Que nadie se quede sin poner la mesa! Incluso podemos cantar lo que vamos poniendo y haciendo sobre la música de una canción famosa y crear, por ejemplo, nuestra propia versión. ¡Comencemos la comida con alegría!

Podéis encontrar un mantel imprimible en **www.aprendiendoconmontessori.com**.

61 Sesión de manicura

❄ ✿ ☀ 🍁 + 2 años

🕐 10 minutos

¡Manos a la obra!

Las manos de mamá, papá, la abuela, el abuelo, de un tío o tía siempre son bienvenidas para una buena sesión de manicura familiar. Y recordemos que, en estas sesiones, pintauñas, quita esmalte y una toalla serán nuestros aliados.

62 ¿Qué animal soy?

❄ ✿ ☀ 🍁 + 2 años

🕐 5 minutos

¿Quién no ha hecho alguna vez el sonido de un cerdo? ¿O un perro? ¿O quizá de un tigre? ¡Vamos adivinar qué animal estamos recreando por medio del sonido!

GUAU GUAU

63 Brochetas de fruta

❄ ✿ ☀ 🍁 + 14 meses

🕐 15 minutos

¡No hay receta más sencilla en el mundo! Palos redondos a prueba de peques, fruta cortada y preparada para pinchar y ¡ya podemos empezar a hacer nuestras brochetas de fruta!

Mmmmm...

ÑAM

64 Estudio de tatuaje

❄ ❀ ☼ 🍁 + 2 años

🕐 15 minutos

Sólo tenemos que buscar un rincón donde colocar una mesa y colgar un cartel como reclamo para hacer tatuajes con los siguientes materiales: tatuajes efímeros, spray con agua, pinturas para pintar la piel y esponjita. ¡Listo para llenarnos el cuerpo de dibujos vistosos!

65 Almohadas

❄ ❀ ☼ 🍁 + 3 años

🕐 15 minutos

¿Quién no ha jugado alguna vez a tocar a la otra persona con la almohada? ¡No se trata de dar fuerte, sino más bien de lograr tocar a la otra persona con el cojín o ir chocando las almohadas al mismo tiempo! ¡Las risas están aseguradas!

67 La fábrica de juguetes

❄ ❀ ☼ 🍁 + 4 años

🕐 15 minutos

¿Os imagináis poder crear vuestro propio juguete? ¡Pues es posible! Necesitamos cola, trozos de madera de todas las formas y tamaños, pompones, folios de colores, pinzas, piñas, palos y todo lo que se nos ocurra expuesto sobre la mesa y dispuesto para que cada integrante de la familia, demos rienda suelta a nuestra imaginación y creemos nuestro propio juguete.

66 Datilbones

❄ ❀ ☼ 🍁 + 4/5 años

🕐 20 minutos

Dátiles, crema de cacahuete, almendras y chocolate. Con estos ingredientes podemos hacer unos bombones deliciosos de forma fácil y rápida. Abrimos el dátil por la mitad, quitamos el hueso, extendemos la crema y, si nos apetece, podemos darle un toque colocando un fruto seco dentro del dátil. Después, con el dátil cerrado, ponemos el chocolate al baño maría y, cuando el chocolate esté derretido, rebozamos uno a uno los dátiles. ¡Listo para chuparnos los dedos!

Si queremos reducir el dulzor, podemos reemplazar la crema de cacahuete con queso crema y no poner chocolate.

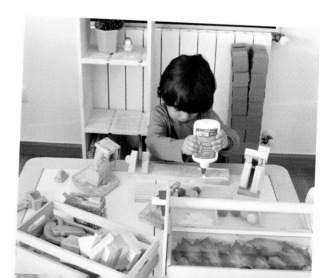

(68) Pizza casera

❄️ 🌼 ☀️ 🍁 + 14 meses

🕐 20 minutos

¿Algo mejor para comer que una deliciosa pizza? ¿Y si encima la hacemos con toda la familia? ¡El resultado es espectacular! Entre toda la familia podemos inventarnos un nuevo sabor de pizza con ingredientes que nos gusten o tal vez hacer mitad de un sabor y mitad de otro. Lo importante es que participemos. El truco secreto es extender la masa de pizza con el rodillo. ¿Nos sobra un poco de harina? Podemos pintarnos unos bigotes, la nariz o cualquier otra cosa chistosa. Para las niñas y niños podemos dibujar por orden los ingredientes para que puedan seguir los pasos.

(69) Planificar un viaje

❄️ 🌼 ☀️ 🍁 + 5 años

🕐 30 minutos

¿Dónde nos gustaría viajar en familia? Vamos a coger un mapa grande, a extenderlo sobre la mesa y a marcar los lugares a los que nos gustaría ir a cada persona de la familia. Podemos buscar recortes, figuras, fotos o experiencias de otras personas. Después, cada cual explicará por qué ha elegido ese destino. Por último, todas las personas tendrán que decidir qué lugar es el adecuado para ir en familia y empezar a planificarlo.

(70) Cesto de las estaciones

❄️ 🌼 ☀️ 🍁 + 2 años

🕐 20 minutos

Dedicar un pequeño espacio en casa a la estación del año puede ser muy enriquecedor para niñas y niños. Sobre todo, si aprovechamos para salir en familia a la naturaleza y recolectar lo que nos brinda según la estación del año: flores, castañas, hojas, etc.

Será como un centro de flores, pero mucho más significativo porque estará hecho en familia y dedicado a ese momento específico. ¡Una manera original de ser conscientes de la estación del año en la que estamos!

71 Colocar papel higiénico

❄ ✿ ☀ 🍁 + 1 años

🕐 10 minutos

Colocar el papel higiénico también puede ser una actividad familiar. ¡Sólo es cuestión de proponérnoslo! Necesitamos un tubo para poner los rollos de papel. A las niñas y niños más peques les encanta ensartar. Si no tenemos tubo ¡no hay problema! Podemos ordenar en el baño los rollos de papel higiénico para que cuando alguien entre encuentre este material tan necesario.

72 Megaconstrucciones

❄ ✿ ☀ 🍁 + 2 años

🕐 15 minutos

¿Qué necesitamos? Bloques de madera y, cuantos más, ¡mejor! Si en casa no tenemos muchos, podemos ir a una carpintería a recoger trozos de madera y luego lijarlos. Después, podemos construir una muralla para jugar a que estamos en un palacio, o una torre. ¡Vamos a intentar tocar el techo de casa con las construcciones!

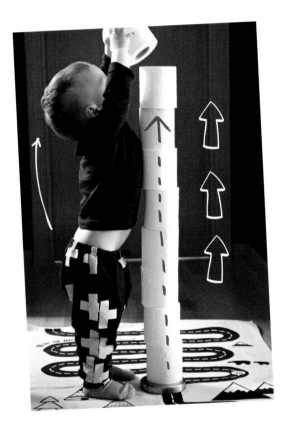

73 Crear un lema familiar

❄ ✿ ☀ 🍁 + 5 años

🕐 15 minutos

¿Qué es esto del lema familiar? Sólo tenemos que pensar en la típica frase que hemos oído siempre en casa. ¿A que todavía podemos acordarnos? Eso es un lema. Los lemas familiares pueden dar aliento y reconfortarnos siempre que pensamos en ellos. Así que ¿por qué no crear algo realmente especial? ¿Por qué no participar de esta gran frase que en los días grises nos dé energía?

No tiene por qué ser un lema para toda la vida, tal vez cada mes o cada año podemos cambiarlo.

74 Floristería

❄ ✿ ☀ 🍁 **+ 3 años**

🕐 15 minutos

De nuevo, lo más importante para esta actividad es crear el escenario, para así aprovechar nuestra actividad al máximo. En este caso se trata de reproducir el ambiente de una floristería: mucho verde, con plantas, flores, olores frescos y objetos de la naturaleza. Y podemos añadir, si queremos, una caja registradora para vender. Una vez lo tengamos todo preparado, sólo tenemos que empezar a crear ramos de flores atrevidos o vender macetas o maceteros. Con el juego simbólico podemos comenzar a tomar contacto con los números, las monedas y el trueque.

Podéis encontrar materiales para vuestra floristería en **www.aprendiendoconmontessori.com**.

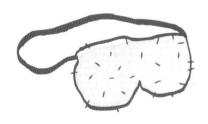

75 Prueba de sabores

❄ ✿ ☀ 🍁 **+ 2 años**

🕐 10 minutos

La idea es poner diferentes alimentos en platos, un pañuelo o antifaz para tapar los ojos y listo. ¡Vamos a adivinar qué estamos comiendo y qué sabor tiene!

76 Creando berlinas de manzana

❄ ✿ ☀ 🍁 **+ 2 años**

🕐 15 minutos

¡A cortar rodajas de manzana! Las ponemos en un plato y ponemos otros ingredientes en boles diferentes: frambuesas, crema de cacahuete, chocolate fundido, virutas de coco y un montón de ideas más que se nos ocurran. Una vez tenemos las manzanas cortadas, untamos cada trozo con la crema y después ya podemos decorarla con el resto de los ingredientes y ¡ya tenemos una deliciosa berlina de manzana!

77 Collage de la familia

❄ ✿ ☀ 🍂 + 14 meses

🕐 20 minutos

El arte es un lenguaje capaz de conectar pensamientos, sentimientos, inquietudes, necesidades y darles forma. La familia es un poco como el arte. Por esa razón, la posibilidad de captar la esencia de lo que somos y vivimos es sin duda algo mágico, sobre todo si lo hacemos en equipo.

Revistas, periódicos, fotos familiares, materiales reciclados, frases inspiradoras, tijeras, cola, pegamento, purpurina, pegatinas u obras que hayamos hecho. Demos rienda suelta a nuestra imaginación y hagamos un gran collage para colgar en nuestra casa, un collage que lleve la energía y la inspiración de cada persona que forma parte de nuestro hogar.

CURIOSIDAD

¿Sabíais que la creación de collages se utiliza con fines terapéuticos? A través del collage podemos mostrar sentimientos que de otra forma quizá no seríamos capaces de ver.

78 Velada de piratas

❄ ✿ ☀ 🍂 + 4 años

🕐 20 minutos

Un mapa, un barco para surcar los mares imaginarios (¡el sofá de casa es perfecto para eso!). Un lugar misterioso para explorar, pistas y un disfraz divertido (¡imprescindible un parche!) harán de la velada de piratas una noche inolvidable.

79 Sesión de palomitas y teatrillo

❄ ✿ ☀ 🍂 + 1 año

🕐 20 minutos

Preparamos un buen bol de palomitas (¡atención con las palomitas! más de 4 años), tíquets y todo lo necesario para ver la actuación. Por otro lado, creamos los espectáculos que vamos a reproducir. Pueden ser bailes, recitales, marionetas... ¡lo que queramos! Podemos disfrutar de esta actividad por turnos y, mientras unas personas comen palomitas, las otras actúan, y después nos intercambiamos.

80) El mensaje secreto

❄ ✿ ☀ 🍂 + 2 años

🕐 5 minutos

¿Os imagináis que nos comunicamos de una manera
que nadie más pudiera ver? ¡Esto es el mensaje secreto!
¿Cómo lo preparamos? Muy sencillo, necesitamos: una
vela alargada, un folio y una cera. Cogemos la vela como
si fuera un lápiz y escribimos (o dibujamos) en el folio.
Luego pasamos la cera por encima del folio como si
quisiéramos pintar todo el folio. Y poco a poco iremos
descubriendo el mensaje...

81) Cápsula del tiempo

❄ ✿ ☀ 🍂 + 5 años

🕐 20 minutos

Una cápsula del tiempo es un lugar donde guardar cosas y recuerdos actuales para que, cuando
alguien la encuentre en el futuro, sepa cosas de
quienes la crearon.

Podemos fabricarla con una caja de galletas, de
madera o con una fiambrera. Lo ideal es que sea
hermética y resistente. Para rellenarla, cada persona
de la familia puede introducir una descripción personal,
una anécdota graciosa que haya ocurrido durante el
año, también fotos de acontecimientos importantes,
algún objeto personal, un artículo de periódico de
ese año, un CD de música famoso en la actualidad
y, por qué no, una carta a nuestro yo futuro.

Después de cerrarla la sellamos, la escondemos
y ponemos una fecha para abrirla. ¿Qué tal diez
años? ¿Mucho? ¿Seremos capaces de esperar
tantos años?

82) Conversaciones variopintas

❄ ✿ ☀ 🍂 + 6 años

🕐 15 minutos

Para esta actividad, lo que tenemos que pensar es en
las conversaciones que nos gustaría tener con nuestra
familia. Cogemos unos papelitos, escribimos todos
esos temas y los ponemos dentro de un bol o un bote.
También podemos incluir dibujos que nos lleven a comenzar una conversación. Podemos utilizar este bote
en momentos familiares, encuentros o cenas.

83 Bote de actividades en familia

 + 3 años

🕐 1 hora

Lo primero que necesitamos es disponer de todas las actividades de este libro en una hoja. Una vez las tengamos, las recortamos una a una. Como son 365 ideas, toda la familia puede escribir, cortar y ayudar.

Una vez recortadas, las ponemos dentro del bote para poder utilizarlo cuando no sepamos qué actividad realizar en familia. El bote siempre nos puede sugerir, el azar puede sorprendernos ¡y toda la familia debe ser flexible a imprevistos!

Podéis encontrar etiquetas ya dibujadas para vuestro bote en **www.aprendiendoconmontessori.com**.

MATERIALES

- Un documento con todas las actividades propuestas
- Bote
- Foto familiar
- Pistola silicona
- Tijeras

CURIOSIDAD

¿Sabíais que vivir en familia reduce el riesgo de caer en una depresión?

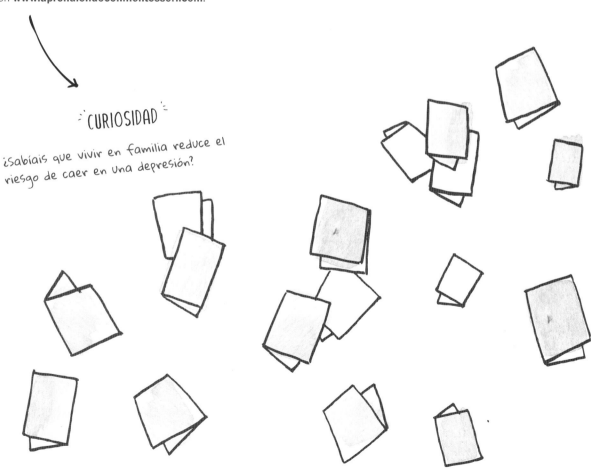

(84) Momias

❄ ✿ ☀ 🍁 + 4 años

🕐 10 minutos

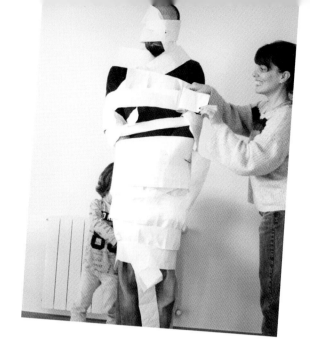

¿Nos atrevemos a volver atrás en el tiempo? No hay nada más divertido que disfrazarse de... ¡momias! Y es muy sencillo, sólo tenemos que coger papel higiénico y una buena dosis de humor. Por turnos vamos enrollando a cada persona de la familia. Si queremos hacerlo todavía más emocionante, tendremos un minuto cada persona para enrollar a la otra. ¡Cuidado con los mareos!

¡Y recordemos reciclar el papel para hacer de nuevo esta u otra actividad!

(85) Mi árbol familiar

❄ ✿ ☀ 🍁 + 6 años

🕐 20 minutos

Para esta actividad es importante tener o hacer fotos de cada persona de la familia. Cogemos un folio o cartulina y vamos pegando nuestra foto según corresponda cronológicamente en el árbol, uniéndolas con líneas. Luego, debajo de cada foto, escribimos una breve historia o características de cada persona.

(86) Fregar los platos o poner el lavavajillas

❄ ✿ ☀ 🍁 + 2 años

🕐 15 minutos

El agua calma, hidrata y es especialmente hipnótica para nuestras criaturas. ¿Por qué no aprovechar sus propiedades para crear momentos en familia? ¡Venga! ¡Vamos a poner el lavavajillas o a fregar los platos! Lo que cuenta es el proceso y no la finalidad. ¡Toda actividad puede ser divertida si le ponemos ganas, paciencia y humor!

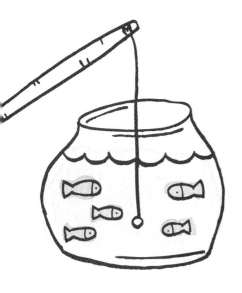

87 Pescando en la bañera

❄ ❀ ☀ 🍁 + 2 años

🕐 10 minutos

Pelotas de ping-pong, juguetes, bolas del árbol de Navidad o patitos. Para pescar es imprescindible una redecilla con palo y la bañera llena de agua y todos los objetos que queramos ponerle para pescar. Tendremos que ir pescando los objetos que estén en la bañera en el tiempo que determinemos. Posteriormente haremos un recuento para ver cuántos hemos cogido ¡y en cuánto tiempo!

88 Memory familiar

❄ ❀ ☀ 🍁 + 4 años

🕐 20 minutos

Jugar es esencial, sobre todo en la infancia, y el Memory es un gran ejemplo de entretenimiento y aprendizaje. ¿Hemos entrenado bien la memoria? Necesitamos una foto de cada persona de la familia, imprimirla y plastificarla. Recordemos imprimirlas dos veces para que hagan pareja y ¡a jugar!

89 Noche de científicos

❄ ❀ ☀ 🍁 + 4 años

🕐 20 minutos

¡Convertimos nuestra casa en un laboratorio! Podemos preparar los experimentos más locos que se nos ocurran. ¿Qué tal el experimento del volcán de la actividad 26? ¿O comprobar qué materiales flotan y cuáles no? ¿Podemos cronometrar cuánto tarda un cubito de hielo en derretirse dentro de un plato? ¿Tarda lo mismo que dentro de un vaso? ¿Y el tamaño del hielo influye en el tiempo? Las casas están llenas de cosas con las que experimentar, pero siempre con cuidado.

(90) Bote de agradecimientos

❄ ✿ ☀ 🍁 + 4 años

🕐 10 minutos

Es importante no olvidar cada vez que sentimos gratitud.
Una posibilidad es ir apuntándolas y guardándolas en un
bote. Es una manera de tener un pequeño tesoro de toda la
familia. También podemos crear botes individuales, cada cual
el suyo. Tal vez, con una foto de la persona en el bote que le
corresponda.

Estos botes podemos dejarlos accesibles en algún rincón de
casa por si queremos escribir y guardar un agradecimiento
en cualquier momento.

Si queremos, podemos aprovechar y juntar esta actividad a la
de reuniones familiares de la actividad 96.

Podéis encontrar etiquetas ya dibujadas para vuestro bote en
www.aprendiendoconmontessori.com.

CURIOSIDAD

Dar las gracias incrementa la felicidad
del que las recibe y del que las da y a
demás no caduca ni se desgasta.

(91) Pelota soplada

❄ ✿ ☀ 🍁 + 4 años

🕐 15 minutos

Tubos de papel de cocina, pelotas tipo ping-pong,
un par de vasos de cartón y cinta adhesiva.
Pegamos los vasos de cartón a un extremo de la
mesa y soplamos a través de los tubos las bolas
para llevarlas hasta que caigan en los vasos.

(92) El restaurante

❄ ✿ ☀ 🍁 + 2 años

🕐 15 minutos

Unas personas hacemos de camareros o camareras y otras de clientes.
Esta actividad es muy buena para practicar la gracia y la cortesía: "Por
favor, ¿me puede traer...?", "Gracias", "¿Sería tan amable de...?", "Discul-
pe...". Además de divertirnos en familia un ratito y disfrutaremos de una
comida diferente.

Podéis encontrar materiales para vuestro restaurante en
www.aprendiendoconmontessori.com.

(93) Creamos rutinas

❄ ✿ ☀ 🍁 + 18 meses

🕐 20 minutos

Podemos reunirnos y poner en común qué rutinas tenemos diariamente, como ir al colegio, al trabajo, bañarnos, leer un cuento, lavarnos los dientes, etc. Secuencias de nuestro día a día personal. Podemos colocar estas rutinas en la pared dibujadas o bien escritas para las personas de más edad. De esta manera sabremos dónde está cada persona en cada momento.

Podéis encontrar tarjetas de rutinas ya dibujadas en **www. aprendiendoconmontessori.com**

(94) Pedido a domicilio

❄ ✿ ☀ 🍁 + 4 años

🕐 15/25 minutos

Esta actividad es realmente única. Tenemos que imaginarnos que estamos haciendo un pedido en un restaurante y hacer dos equipos: uno estará en la cocina mientras el otro está en el comedor. Crearemos una carta real con la lista de ingredientes que podamos cenar esa noche y unos *walkie-talkie* o algún otro sistema de comunicación a distancia de alta tecnología, como dos envases de yogur vacíos y limpios unidos en su base por un hilo, para comunicar a los dos equipos.

Una buena idea es hacer una pizza y dibujar en la carta los ingredientes que podría llevar, colocando al lado de cada uno un recuadro para que cada persona de la familia pueda poner una cruz a los ingredientes que quiera que lleve la suya. Una vez decidido, realizamos el pedido con el comunicador y, mientras un equipo cocina, el otro puede poner la mesa. Dos equipos, un objetivo: ¡comer!

(95) Dientes felices

❄ ✿ ☀ 🍁 + 1 año

🕐 10 minutos

Compartir los momentos de cepillarnos los dientes es una buena idea porque no lleva mucho tiempo y toda la familia lo hace. ¡Vamos a lavarnos los dientes! Podemos también jugar a mirarnos fijamente unos a otros en el espejo, ¡a ver quién aguanta sin reírse!

(96) Reunión familiar

❄ ✿ ☀ 🍂 + 2 años

🕐 20 minutos

En la vorágine del día a día a veces puede resultar difícil entendernos, así que las reuniones familiares son una oportunidad fantástica para crear un espacio de comunicación y entendimiento.

Porque estas reuniones son, principalmente, un momento para compartir en familia, para aprender cómo comunicarnos, practicar la gracia y la cortesía, identificar aquello que valoramos de la otra persona. También es una oportunidad para ver cómo establecer prioridades, dar solución a los problemas y proponer actividades de manera respetuosa.

Podemos hacerlas cada semana o cuando haya algo que resolver. Cada familia decide. Al principio pueden ser raras o complicadas, pero reunión tras reunión iremos aprendiendo cómo hacerlas cada vez mejor. Incluso podemos tener una libreta común donde apuntar todos los asuntos.

Estos puntos son una idea de lo que podemos tratar en nuestras reuniones:

CURIOSIDAD

Estas reuniones familiares tienen como base de inspiración la Disciplina positiva para familias de Jane Nelsen y Lynn Lott.

1. AGRADECIMIENTOS. Una buena forma de comenzar es una ronda de agradecimientos a cada persona de la familia por hechos que consideremos que merecen ser agradecidos esa semana.

2. ASUNTOS QUE TRATAR Y POSIBLES SOLUCIONES. Siempre con respeto, ponemos en común los asuntos que nos preocupen de esa semana. Todas las personas debemos pensar qué posibles soluciones se pueden llevar a cabo. Todas las ideas son buenas, sean más o menos viables, y tenemos que apuntarlas todas.

3. PROPONER UNA SOLUCIÓN. Después de ver todas las opciones, entre toda la familia damos con la mejor solución, que debería ser razonable y respetuosa para todos y todas. La ponemos en práctica por lo menos durante la semana siguiente hasta que volvamos a reunirnos y veamos si ha funcionado.

4. PLANEAR UNA ACTIVIDAD EN FAMILIA. Por turnos, vamos a ir compartiendo nuestros intereses y necesidades a nivel familiar para llevar a cabo una actividad en equipo esa semana que sea apropiada para todas las personas de la familia.

5. DECIDIR ACTIVIDAD. La decisión de una actividad puede recaer cada semana en una persona de la familia, o tal vez podemos hacer un bote de actividades como el de la actividad 83 y cada semana escoger un papel al azar.

6. REFLEXIONANDO. En la reunión cada persona, especialmente las más mayores, puede preguntarse a sí misma:

¿Qué he hecho durante esta semana para ayudar a llevar a cabo las soluciones propuestas la semana anterior?

Si no se ha resuelto del todo el problema, ¿qué voy a hacer a partir de este momento para que acabe de resolverse?

7. MOMENTO EN FAMILIA. Para finalizar la reunión lo mejor es hacerlo como la empezamos, de manera positiva para equilibrar la balanza. Una actividad o juego en familia para cerrar la reunión no tiene por qué llevaros más de 10 minutos y crea un clima de armonía y conexión.

Si es nuestra primera reunión familiar podemos empezar tal vez sólo con la ronda de agradecimientos.

Podemos utilizar un objeto para el turno de palabra como, por ejemplo, un micrófono (no hace falta que funcione: su única función es dar turno de palabra).

Podéis encontrar una chuleta para vuestras reuniones en **www.aprendiendoconmontessori.com**.

EN ESTA CASA

vemos el ERROR como un APRENDIZAJE

damos las GRACIAS

nos DISCULPAMOS

nos ponemos en la PIEL del OTRO

utilizamos el HUMOR

buscamos SOLUCIONES

RESPETAMOS todos los SENTIMIENTOS

nos ABRAZAMOS

y por encima de todo

nos AMAMOS

www.aprendiendoconmontessori.com

97 Centro de reciclaje

❄ ✿ ☀ 🍂 + 2 años

🕐 20 minutos

A través del juego dramático vamos a descubrir en qué consiste reciclar y cómo hacerlo. Para ello, una vez más crearemos un escenario adecuado.

Usaremos tantos cubos como tipos de reciclaje tengamos en nuestra zona. Cada cubo irá asignado según el contenido que pueda depositarse dentro y, en este caso, serán seis: basura orgánica, papel, plástico y latas, cristal, basura normal y centro de reciclaje. Por otro lado, tendremos a mano diferentes materiales para que podamos colocar el material en el contenedor que corresponda. Cada cubo puede tener un dibujo que visualmente nos indique qué se recicla en ese cubo.

Podéis encontrar etiquetas ya dibujadas para vuestro centro de reciclaje y una guía de dónde reciclar cada cosa en **www.aprendiendoconmontessori.com**

98 Saquitos para la despensa

❄ ✿ ☀ 🍂 + 5 años

🕐 15/20 minutos

Para esta actividad utilizaremos saquitos de algodón de unos 25 x 30 centímetros y pintura textil. La idea es que colabore toda la familia a la hora de organizar la despensa y ¡qué mejor manera que hacerlo en equipo! Pintamos los saquitos que después nos servirán para guardar pasta, frutos secos o legumbres. Incluso podemos llevarnos algunos al súper o a la tienda de la esquina para comprar a granel y ahorrarnos las bolsas de plástico.

Por ejemplo, podemos escribir en un saquito "Pasta" y dibujar macarrones y lo mismo con el resto de los alimentos, ¡la imaginación es el límite!

99 Cocinar palomitas de maíz

❄ ✿ ☀ 🍂 + 4 años

🕐 20 minutos

Una olla con tapa, maíz en grano seco, aceite de oliva, sal y a remover al ritmo del pop-pop. Cada pocos minutos sacamos las que ya estén hechas hasta que casi no queden granos de maíz. Normalmente no todas se hacen.

Si preferimos podemos probar a reemplazar el aceite por mantequilla o la sal por azúcar, miel o curry. ¡Hay decenas de posibilidades, tantas como gustos, y todas perfectas para una tarde familiar!

(100) Coger manzanas con la boca de un balde de agua

❄ ✿ ☼ 🍁 + 4 años

🕐 15 minutos

Lo primero que tenemos que hacer es llenar un balde con agua y meter las manzanas lavadas dentro. Por turnos tenemos que cogerlas con la boca, una cada vez. Para darle emoción, ¡habrá un tiempo estipulado para cogerlas! Debemos recordar que lo importante es pasar un buen rato y que nadie gana por hacerlo más o menos rápido. Al final tendremos que contar cuántas manzanas hemos conseguido entre toda la familia. Y, al acabar, si se han estropeado un poco, siempre podemos preparar con ellas una tarta de manzana o asarlas al horno. ¡Trabajo en equipo!

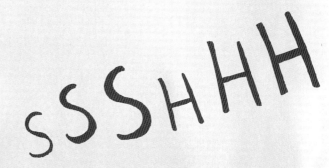

(101) El juego del silencio

❄ ✿ ☼ 🍁 + 3 años

🕐 15/20 minutos (según la fuerza de voluntad)

Para esta actividad podemos utilizar una campana o, si lo preferimos, una vela encendida. Si nos decidimos por la campana explicaremos: "Cuando escuchemos la campana tendremos que cerrar los ojos y poner atención a todos los sonidos que nos rodean".

Si preferimos la vela podemos decir: "Vamos a intentar quedarnos tan quietos como la llama de esta vela".

Una vez terminado el juego del silencio, comentamos la experiencia. Una por una, cada persona deberá expresar lo que ha escuchado, lo que ha sentido.

(102) Coger naranjas con las rodillas

❄ ✿ ☼ 🍁 + 4 años

🕐 15 minutos

Ponemos un aro en el suelo y naranjas dentro. Por turnos, cada persona de la familia va entrando en el aro e intentando agacharse y coger las naranjas con sus rodillas. ¡Cuando estemos fuera, podemos animar! Es difícil, pero muy entretenido de hacer y de ver.

(103) Calcetines sensoriales

❄ ✻ ☀ 🍁 + 4 años

🕐 10 minutos

Sólo necesitamos calcetines, tantos como queramos reciclar, siempre que no tengan ninguna patata, y el relleno. Lentejas, sémola, semillas o garbanzos son opciones interesantes. Una buena idea es ponernos en familia en una mesa grande y participar rellenando los calcetines antes de hacerles un nudo. También podemos fabricar un embudo con un cartón enrollado para ayudarnos. Cuando los tengamos nos servirán para adivinar texturas o para apretar y relajarnos.

(104) Intercambio de roles

❄ ✻ ☀ 🍁 + 5 años

🕐 15 minutos

Para esta actividad sólo necesitamos prendas de ropa de cada persona de la familia. Cada uno y cada una escoge un conjunto completo y lo pone encima de la mesa: pantalones, vestidos, faldas, camisetas, zapatos, guantes, gorros... ¡Lo que se nos ocurra! Nadie podrá elegir su propia ropa. ¿Lo más interesante del juego? ¡Que las personas adultas terminen con la ropa de las niñas y niños!

(105) Música tumbados

❄ ✻ ☀ 🍁 + 4 años

🕐 10 minutos

Una esterilla para cada persona formando un círculo. Nos tumbamos, cerramos los ojos, ponemos en marcha la música y escuchamos. Lo ideal es que invite a la relajación. Después podemos sentarnos sobre la esterilla y hablar sobre lo que hemos sentido o si algún trozo nos ha sugerido algo especial. ¡Dos personas pueden sentir cosas muy diferentes con la misma canción!

106 Pasillo sensorial

❄ ✿ ☀ 🍁 + 1 año

🕐 10 minutos

Crearemos un pasillo con diferentes bandejas, una detrás de otra, formando un camino como si fuesen baldosas. En cada bandeja ponemos una textura diferente: hierba, hojas secas, harina, muesli, piedras... Nos colocamos en el inicio del camino y vamos pisando bandeja por bandeja hasta llegar al final.

107 Experimento con naranjas

❄ ✿ ☀ 🍁 + 4 años

🕐 10 minutos

¿Qué naranja flotará, la pelada o la que está sin pelar?

¡Vamos a comprobarlo! Tenemos que coger un bol lleno de agua, pelamos una naranja y otra la dejamos sin pelar. Metemos la naranja que está pelada y la que no. ¿Cuál flotará? Antes de introducir las naranjas en el bol, cada persona de la familia formulará su hipótesis y luego lo comprobaremos. ¿Qué influye en que una flote y otra se hunda? Esta actividad podéis hacerla con otras frutas y hortalizas y ver si hay o no diferencias... ¡A descubrirlo!

108 Pintamos con espuma de afeitar

❄ ✿ ☀ 🍁 + 2 años

🕐 10 minutos

Espuma de afeitar, colorante alimentario, boles para mezclar la espuma con los diferentes colorantes, papel continuo y ¡a pintar!

Atención: aunque el resultado tenga muy buena pinta recordemos que la espuma no es comestible. ¡Sólo es para pintar!

(109) Caminar sobre una línea

❄ ✿ ☀ 🍁 **+ 3 años**

🕐 10 minutos

Como indica el nombre de la actividad, se trata de andar sobre una línea por turnos. La línea podemos hacerla con cinta adhesiva. Este juego es progresivo y poco a poco le podemos ir añadiendo dificultad.

Por ejemplo, podemos empezar caminando por la línea sin salirnos con las manos vacías. Después podemos transportar un libro pequeño con las manos y, tal vez más adelante, probar a llevar un vaso de agua sin derramarla, o con una vela que debe mantenerse encendida.

CURIOSIDAD

En un ambiente Montessori acostumbramos a tener en el suelo una elipse para que las niñas y niños puedan caminar sobre ella. La elipse no es uniforme, por lo que hay momentos en los que la línea está más cerrada y otros en los que está más abierta, perfecto para caminar despacio sin salirse de la línea.

(110) Tapones abecedario

❄ ✿ ☀ 🍁 + 4/5 años

🕐 15 minutos

Reunimos todos los tapones que tengamos por casa para crear un juego de componer palabras. Escribimos en cada tapón una letra del abecedario con rotulador permanente y vamos juntando distintos tapones para confeccionar nombres propios, animales, objetos, etc.

También podemos coger unos cuantos tapones al azar y ver si podemos hacer alguna palabra con ellos. Si no sabemos si la palabra existe, siempre podemos buscarla en un diccionario.

Para que sea más fácil, lo mejor será que algunas letras, como las vocales, aparezcan en más de un tapón.

(111) Qué sentimiento tengo en mi cabeza

❄ ✿ ☀ 🍁 + 14 meses

🕐 20 minutos

Esta actividad nos ayuda a aprender a expresarnos. Para llevarla a cabo cogemos una diadema del pelo o una goma y tarjetas de sentimientos. Para hacerlo sencillo podemos basarnos en los *emojis*: alegría :) tristeza :(asco D; miedo :S o ira >:[por ejemplo. ¡O una mezcla de varios!

Cogemos una tarjeta al azar y, sin mirarla, la enganchamos a nuestra diadema. El objetivo es adivinar qué sentimiento tenemos en la cabeza dibujado. Para ello iremos preguntando por turnos a las otras personas.

Podéis encontrar tarjetas de sentimientos ya dibujadas en **www.aprendiendoconmontessori.com**.

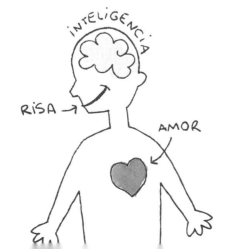

(112) Balanceo de cabeza

❄ ✿ ☀ 🍁 + 4 años

🕐 10 minutos

Una media, una naranja y botellas de plástico recicladas.

Por un lado, ponemos las botellas en el suelo de pie. Podemos ponerlos en triángulo, como los bolos, formando una línea o cualquier otra forma. Por otro, metemos una naranja dentro de la media y la empujamos hasta que llegue al fondo. Después, por turnos, nos ponemos la media en el cogote sin taparnos la cara y balanceamos la cabeza intentando tirar el mayor número de botellas. Podemos probar a mover o no los pies y decidir si queremos utilizar un temporizador. ¡Lo importante es que se mueva la naranja! Las risas con esta actividad están aseguradas.

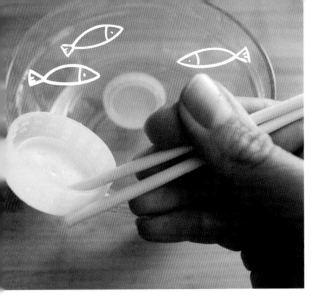

113 Pescar tapones

❄ ✿ ☀ 🍁 + 4 años

🕐 10 minutos

Para esta actividad cogemos un plato hondo lleno de agua, tapones de plástico de diferentes medidas que dejaremos flotando y dos palillos. Estipulamos un límite de tiempo para el juego y, por turnos, vamos a intentar sacar un tapón del plato con los palillos. Para incrementar la dificultad, podemos pedir que haya que coger cada palillo con una mano. Una vez finalizado el tiempo, contamos todos los tapones que hemos sido capaces de sacar del plato.

114 Cubrir de pósits

❄ ✿ ☀ 🍁 + 6 años

🕐 10 minutos

Por turnos nos vamos a ir pegando pósits unas personas a otras. Cada persona tiene un minuto para pegar tantos como pueda. Una vez toda la familia realicemos la actividad, debemos contar el número de papelitos que tenemos pegados en el cuerpo. Podemos añadirle un poco de dificultad poniendo cualidades positivas en los pósits antes de pegarlos. Una virtud diferente por cada papel. ¡Un regalo a la autoestima!

115 Noche de disco

❄ ✿ ☀ 🍁 + 2 años

🕐 15 minutos

Todas las personas sabemos que una buena discoteca tiene que tener luces de colores para hacer la velada todavía más espectacular. Estas luces son muy fáciles de hacer: papel de celofán rojo, verde y azul y linternas o lámparas que podamos cubrir con estos papeles para crear una escena apropiada para los bailes. Después ponemos la música y ¡a bailar bajo la luz de nuestra disco DIY!

116 Trasvase con cucharas

❄ ✿ ☀ 🍁 + 14 meses

🕐 10 minutos

Dos boles, uno lleno de bolas y el otro vacío. Por turnos tenemos que pasar las bolas con una cuchara de un bol al otro. Si queremos complicarlo un poco, podemos coger la cuchara con la boca. ¿La finalidad? Pasar un rato redondo y lleno de risas.

(117) Librería en casa

❄ ✿ ☼ 🍁 **+ 2 años**

🕐 20 min

El juego simbólico forma parte de la infancia y, sin duda, nuestras criaturas lo disfrutan más al lado de sus personas de referencia, de su familia. Así que, como posiblemente todas las personas tenemos un buen recopilatorio de cuentos, ¡qué mejor forma de fomentar la lectura que a través de este juego familiar: una librería en casa!

Es simple. Sólo tenemos que colocar todos los cuentos en el escaparate y que cada persona de la familia se asigne un rol que después intercambiaremos: ¡librero, librera, lectores y lectoras!

Podéis encontrar materiales para vuestra librería en **www.aprendiendoconmontessori.com**

MATERIALES

- Libros, cuentos y revistas
- Tíquets de intercambio (podemos aprovechar los que hemos creado en la actividad 37)
- Escaparate para colocar los libros y los cuentos
- Monedero para guardar los tíquets

⁎ CURIOSIDAD ⁎

Según cuentan, en Egipto las bibliotecas eran llamadas "el tesoro de los remedios del alma", quizá porque dentro de ellas se curaba el desconocimiento y la ignorancia.

"Libros, caminos y días dan a las personas sabiduría."

Proverbio

(118) Emparejar calcetines

❄ ✿ ☀ 🍁 **+ 2 años**

🕐 15 minutos

La colada de calcetines. Una mesa para ponerlos todos amontonados y a buscar las parejas. ¿Lo conseguiremos?

(120) La fiesta del té

❄ ✿ ☀ 🍁 **+ 2 años**

🕐 15/20 minutos

¡A desempolvar la tetera y las tazas que la fiesta del té ya está aquí!

No es una simulación ¡vamos a hacerlo de verdad! Preparamos una infusión apta para todas las personas, tengan la edad que tengan.

Podemos concretar el lugar donde vamos a tomar nuestro té especial y a partir de ahí poner en marcha el escenario para poder disfrutarlo. Colocamos el mantel, los cubiertos, la música ambiental y ¡listo para disfrutar!

(119) Pared familiar

❄ ✿ ☀ 🍁 **+ 9 meses**

🕐 20 minutos

La pared familiar pretende ser el punto de información de toda la familia, el lugar donde nos ubicamos y ubicamos a cada persona.

Aquí abordaremos temas que incumben a la familia y a nuestro hogar como comidas, rutinas o tareas diarias, y lo haremos a través de ejemplos muy visuales.

Esta pared puede contener todo lo que queramos en función de las necesidades de nuestra familia. Podemos utilizar una pizarra negra, blanca o magnética para apuntar, por ejemplo, el menú semanal, recordatorios o pegar con un imán la lista de la compra. También podemos hacer o colgar un calendario anual para ayudar a recordar fechas importantes o incluso incorporar un buzón de reuniones para depositar aquellos temas que queramos tratar en la reunión familiar, ya sea de manera escrita o por medio de un dibujo. Por último, podemos colocar un expositor de tareas del hogar donde cada persona puede contribuir con su aporte en una tarea de la casa.

CURIOSIDAD

La hora del té es una costumbre británica llamada el "afternoon tea" donde no sólo toman té, sino que es una cena ligera. Además, sus normas de etiqueta dicen que soplar o sorber el té es poco respetuoso, aunque esté muy muy caliente. Así que, para enfriarlo, únicamente se mueve con la cucharilla.

(121) Pintura congelada

❄ ❀ ☀ 🍁 + 14 meses

🕐 10 minutos

Colocamos agua en varios boles y en cada
bol colocamos un colorante alimentario diferente
para crear líquidos distintos. Vertemos el contenido
en un molde de cubitos, alternando los colores.
Colocamos palos de polo, previamente cortados,
en cada espacio del molde de cubitos.

Dejamos el contenido en el congelador y esperamos unas horas. Cuando estén completamente
congelados, podemos utilizar estos cubitos de
colores para pintar. ¡Recordemos cogerlos por el
palito para no enfriarnos ni mancharnos los dedos!

(123) Bañamos al bebé

❄ ❀ ☀ 🍁 + 2 años

🕐 15 minutos

Cuando vayamos a bañarnos podemos
llevar el muñeco o la muñeca a la bañera,
lavarle el pelo y el cuerpo con jabón y disfrutar
de un baño diferente en el que hay que
cuidar del bebé. Además, antes de empezar,
podemos preparar con nuestro retoño la toalla,
un cambiador, pañales, ropita de cambio,
crema y un balde para el juguete y así hacer
todo el proceso de un baño real.

(122) Clínica veterinaria

❄ ❀ ☀ 🍁 + 2 años

🕐 15 minutos

Seguro que con la cantidad de peluches que tenemos
en casa podemos montar una clínica veterinaria.
¿Qué tal si nos hacemos unos gorritos de veterinaria o
veterinario con papel? Cogemos unas vendas y tiritas,
fabricamos un estetoscopio con dos embudos unidos
por un tubo (o usamos un envase de yogur), papel y
bolígrafo para escribir recetas, botes que simulen la
medicación y nos ponemos manos a la obra con los
peluches. ¡A cuidarlos a todos!

Podéis encontrar materiales para vuestra clínica veterinaria en **www.aprendiendoconmontessori.com**.

(124) Tareas diarias

❄ ✿ ☀ 🍂 + 3 años

🕐 15 minutos

Todas las personas que formamos el hogar familiar tenemos que ser conscientes de la importancia de colaborar en las tareas del hogar como poner la mesa, lavar los platos, barrer, fregar el suelo o bajar la basura. Una manera sencilla y respetuosa de abordar estos quehaceres es a través de un expositor donde podemos visualizar el nombre de estas tareas o dibujos que las representen para que cada persona de la familia elija qué tarea realizar cada día. ¡Sin que sea una obligación y siempre con total flexibilidad!

Podéis encontrar una tabla de tareas diarias ya dibujadas en **www.aprendiendoconmontessori.com**

(125) Fósiles congelados

❄ ✿ ☀ 🍂 + 3 años

🕐 10 minutos

Tenemos que coger un globo y meter dentro un objeto pequeño: algún juguete, una moneda, una piedra, una flor, etc. Después llenamos el globo de agua, lo atamos, lo metemos en el congelador unas horas y, cuando esté congelado, lo sacamos. Por último, cortamos el globo para descubrir el megacubito y, para sacar el objeto, echamos agua muy caliente y vemos cómo se derrite el hielo.

(126) Álbum de cromos familiar

❄ ✿ ☀ 🍂 + 4 años

🕐 30 minutos

Escogemos fotos de viajes, de comidas, de momentos que hemos vivido en familia y de personas que forman nuestra pequeña gran familia y las imprimimos, recortamos y pegamos en una cartulina doblada por la mitad para que parezca un libro pequeño. Podemos rellenar este álbum de recortes familiares alrededor de la mesa, recordando en familia cuándo fue ese momento, qué nos pasó, qué hicimos y apuntando lo más importante para no olvidarlo. Pero, sobre todo, ¡disfrutando de esta actividad de conexión!

127) Retrato ¡sírvete tú!

❄ ❁ ☀ 🍁 + 4 años

🕐 20 minutos

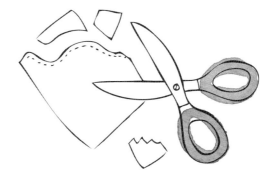

Esta es una manualidad familiar muy especial. Por un lado, elegiremos las personas de la familia de la que queremos hacer su retrato y recortaremos en cartulina su silueta. ¡Podemos hacernos un autorretrato!

Por otro, necesitamos unos recipientes para colocar diferentes elementos y materiales como botones para los ojos, bocas de cartulina recortadas, lana para el pelo o rectángulos de cartulina de colores para la nariz.

Con todo esto haremos nuestro retrato familiar, colocando las piezas encima de las cartulinas. ¿Conseguiremos un parecido razonable?

128) Sándwich de manzana con crema

❄ ❁ ☀ 🍁 + 2 años

🕐 10 minutos

Cortamos rebanadas de manzana, dos por cada sándwich que queramos hacer. Untamos en una lámina de manzana crema de cacahuete, algarroba, avellana, queso o de lo que queramos o tengamos a mano y la tapamos poniendo otra lámina de manzana encima. ¡Ya tenemos preparada la merienda!

129) Transportando el globo

❄ ❁ ☀ 🍁 + 4 años

🕐 15 minutos

Trazamos dos líneas paralelas en el suelo con cinta adhesiva separadas unos metros. Un extremo de la línea será el inicio y el otro el fin. Con un espantamoscas, transportaremos el globo de un extremo a otro de la línea golpeando el globo e intentando no salirnos de la línea. Pero esto es una prueba de relevos, por lo que al llegar a la meta debemos volver al principio, donde nos estará esperando otra persona para iniciar de nuevo el recorrido hasta que todas las personas de la familia hayan transportado el globo y así todas tengamos el título de equilibristas portaglobos.

NAM NAM

(130) Torres de vasos de papel

❄ ✿ ☀ 🍂 + 3 años

🕐 20 minutos

Vamos a construir una torre con vasos de papel entre toda la familia. ¿Qué altura alcanzaremos sin que se caiga?

(131) Nos dibujamos en el espejo

❄ ✿ ☀ 🍂 + 5 años

🕐 10 minutos

Se trata de poner un espejo frente a cada persona de la familia. Mirando nuestro reflejo tenemos que dibujarnos en ese mismo espejo usando, por ejemplo, rotuladores para cristal no permanentes.

(132) Panel de los deseos

❄ ✿ ☀ 🍂 + 4/5 años

🕐 15 minutos

Cualquier espacio libre en una pared de casa puede servirnos para hacer un panel de los deseos. Para ello colocaremos cerca del lugar elegido pósits de colores y rotuladores para que cada persona de la familia exprese su deseo. Estos deseos pueden ser para la familia, para el mundo o para la propia persona. Una vez escritos, se pegarán en el panel de los deseos. Esta actividad podemos hacerla en cualquier momento o también proponerla para alguna fecha especial como el cambio de año.

Podéis encontrar una plantilla para vuestra carta de deseos en **www.aprendiendoconmontessori.com**.

(133) Sumo cojines

❄ ✿ ☀ 🍂 + 5 años

🕐 20 minutos

Cada persona de la familia necesita una camiseta unas cuantas tallas más grande que la que debería ponerse normalmente. Después, introducimos un cojín delante y otro detrás porque ¡vamos a hacer sumo! El objetivo será intentar coger a la otra persona y llevarla al sofá para tumbarla. ¡ASUMO que sabéis que no será fácil!

(134) Calendario anual lineal

 + 4 años

🕐 1 hora

Para nuestras criaturas el paso del tiempo es algo abstracto y muy difícil de entender. Podemos acompañarlas en este proceso de comprensión del tiempo a través de un calendario anual lineal colocado horizontalmente a la altura de sus ojos a lo largo de una pared.

El calendario lineal nos permite visualizar todo un año completo. Este calendario lo podemos realizar uniendo folios, unos pegados a otros. También es importante colocar los números de cada mes. A través de este calendario no solamente podemos diferenciar los días de la semana o el mes, sino también las estaciones del año y los eventos o momentos importantes marcándolos en el mismo calendario bien escribiéndolos, bien con un dibujo a través de pequeños pósits.

Podéis encontrar un calendario anual lineal en **www.aprendiendoconmontessori.com**.

CURIOSIDAD

El calendario anual lineal es un recurso inspirado en el concepto del paso del tiempo de la educación Montessori.

(135) El teléfono roto

+ 4 años

🕐 10 minutos

¿Quién no ha jugado a este juego? Nos ponemos todas las personas en círculo y una dice una frase a la siguiente, al oído en voz bajita, para que nadie más la oiga. Así va pasando de boca a oreja hasta que llega a la última persona, que la dice en voz alta. ¿Será la misma frase que se dijo al principio?

(136) Nos hemos enredado

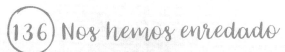 + 4 años

🕐 20 minutos

Una persona sale de la habitación y el resto nos quedamos en círculo cogidas de las manos. Después tendremos que intentar entrelazarnos entre todas las personas, pero sin soltarnos de las manos. ¡Intentamos hacer un lío, literalmente! Cuando ya está hecho entra la persona de fuera y su misión es desenredarnos, guiándonos y diciéndonos hacia dónde movernos. Cuantas más personas seamos para liarnos, ¡mejor!

BENEFICIOS DE LA
Ciudad en familia

1 CONOCER NUESTRO ENTORNO

A veces nos vamos lejos para conocer otros países y nos olvidamos del lugar en el que estamos, que es perfecto para explorar, para conocer. Éste es el primer lugar después del hogar que descubren nuestras niñas y niños.

2 CULTURA

La ciudad o el pueblo nos dan la posibilidad de adentrarnos en la parte cultural de la sociedad. En ese conocimiento de costumbres, tradiciones e ideas. Hay muchas formas de descubrir y aprender la cultura que nos rodea y participar en lo que ofrece la ciudad es una de ellas.

3 HISTORIA

Aporta datos interesantes de la historia de civilizaciones pasadas. Historias de quienes nos precedieron, de las abuelas de nuestros abuelos. De los abuelos de nuestras abuelas.

4 SOCIEDAD

Fomenta el poner en práctica nuestras habilidades sociales. "Gracias", "por favor", "hola", "adiós".

5 COMODIDAD

Nos ofrecen muchos servicios y actividades.

6 ARTE

La creatividad no está reñida con las ciudades. El arte urbano, poco a poco, está cobrando más importancia y podemos disfrutar de él.

(137) Kit ciudad

❄ ❀ ☀ 🍁 + 2 años

🕐 20 minutos

El kit ciudad es el mejor acompañante para toda la familia, que puede ser un gran aliado cada vez que salgamos de casa.

¿Qué meter en el kit? Lo primero que tenemos que conseguir es una mochila donde guardar todos los elementos que van a componerlo.

Dentro pondremos objetos pequeños que inviten a imaginar, crear y disfrutar: pinturas, libreta, lupa, juego de viaje, una bolita de plastilina y un minipuzle. Es importante que todo sea mini y no pese, ¡no se trata de coger toda la casa!

¿Cuándo utilizar este kit? Hasta el momento menos pensado es el mejor para utilizar el kit: cuando nos toca esperar en una cafetería, en el médico, en algún medio de transporte...

MATERIALES

- Pinturas
- Libreta
- Lupa
- Juego de viaje
- Bolita de plastilina
- Minipuzle

138 Observar un hormiguero

❄ ✾ ☀ 🍁 + 14 meses

🕐 10 minutos

Seguro que cerca de nuestras casas hay un hormiguero. ¡Aprovechemos esta oportunidad! Observar una hormiga puede ser muy entretenido y después siempre podemos buscar información para conocer más sobre ellas. ¿Sabíais que pueden levantar hasta cincuenta veces su peso?

139 Tipos de besos (esquimal, mariposa, vaca)

❄ ✾ ☀ 🍁 + 14 meses

🕐 10 minutos

Hay tantos besos como podamos imaginar: de esquimal o de gnomo (frotando las narices), de mariposa (acariciando con las pestañas), de vaca (con la lengua y llenando de BABAS)... ¿Y si los inventamos? ¿Y si tenemos nuestro propio beso familiar? ¡Vamos a besarnos!

140 Dar de comer a las palomas

❄ ✾ ☀ 🍁 + 18 meses

🕐 10 minutos

Los animales que seguro que encontramos en cualquier ciudad son las palomas. Si queremos verlas sólo tenemos que sacar un poco de pan duro y, en pocos segundos, se nos acercarán ¡un montón de ellas!

141 Zancadas de peatones

❄ ✿ ☀ 🍁 + 18 meses

🕐 10 minutos

¿Cuántos pasos de peatones cruzamos al día? Posiblemente más de los que creemos. ¿Y si en uno de esos pasos de peatones nos animamos a saltar sólo en las rayas blancas? ¡Siempre con la presencia de una persona adulta! Si queremos añadirle un reto extra podemos probar a hacerlo ¡con una pierna!

CURIOSIDAD

Ya en la antigua Roma existían los pasos de peatones. En lugar de estar pintados como los que conocemos ahora, estaban hechos de grandes bloques de piedra que sobresalían de la calzada, y tenían la separación justa para que pasaran las ruedas de los carros.

142 Observar caracoles

❄ ✿ ☀ 🍁 + 2 años

🕐 10 minutos

Igual que las hormigas, los caracoles también habitan la ciudad. Podemos observar cómo van dejando su rastro, cómo se esconden, cuándo salen de su escondite y en qué momentos podemos encontrarlos.

¡Pssst! Un buen momento es después de una buena lluvia.

143 Visitar un museo

❄ ✿ ☀ 🍁 + 4/5 años

🕐 30 minutos

Para un paseo cultural en la ciudad tenemos la opción de visitar museos siempre que queramos, pero también existen exposiciones itinerantes. Así que cuando nos apetezca, podemos aprovechar para visitar espacios nuevos. Los hay de todos los tipos. Atrevámonos a conocer todos los que podamos.

(144) visitar una biblioteca

❄ ✿ ☀ 🍂 + 3/4 años

🕐 20 minutos

Ir a la biblioteca es siempre una buena opción para disfrutar del silencio y pasar tiempo rodeados y rodeadas de libros, encontrarnos con un montón de historias y cuentos para vivirlos y sentirlos, para ser conscientes de la responsabilidad que conlleva llevarse un libro a casa y devolverlo. Y sin duda para encontrar pequeños tesoros.

(145) Excursión en tren

❄ ✿ ☀ 🍂 + 3/4 años

🕐 10 minutos

A veces el ritmo de la ciudad puede resultar un poco agobiante. Todas las personas que vivimos en la ciudad estamos acostumbradas a coger los medios de transporte público para desplazarnos por obligación; ¿qué tal coger un tren sólo con el simple objetivo de disfrutar del viaje? Conocer cómo se viaja en tren, cuántas paradas puede llegar a hacer, qué hacemos cuando nombran nuestra parada, qué es necesario para subir al tren y un montón de detalles más que podemos aprovechar para descubrir en familia.

(146) Ir a un musical

❄ ✿ ☀ 🍂 + 4/5 años

🕐 1 hora

Una manera de desconectar dentro de la ruidosa ciudad, sin irnos muy lejos, es precisamente en algún teatro. Salir de la rutina y adentrarnos en cuestión de minutos en un musical ¡y a disfrutar del espectáculo!

(147) Visitar un jardín botánico

❄ ✿ ☀ 🍁 **+ 3 años**

🕐 25 minutos

En las grandes ciudades a veces la naturaleza queda un poquito lejos, así que una idea fantástica es acercarnos a un jardín botánico y disfrutar de la variedad de plantas y flores que podemos encontrar en él.

(148) Pasear por el mercado municipal

❄ ✿ ☀ 🍁 **+ 14 meses**

🕐 10 minutos

El mercado municipal es, sin duda, uno de los mejores lugares en los que practicar la gracia y la cortesía. Saludamos, aprendemos cómo pedir las cosas y cómo dar las gracias. Del mismo modo vivimos el control de la voluntad guardando turnos y aprendiendo a esperar. Se trata de una experiencia enriquecedora para poner a prueba nuestras habilidades sociales.

(149) Jugar entre los aspersores

✿ ☀ **+ 14 meses**

🕐 10 minutos

Si estamos en el parque y los aspersores de pronto se activan, ¿por qué apartarnos? Lo ideal es hacer esta actividad en una época de calor para disfrutar y refrescarnos. ¡Aprovechemos cada momento que se nos presenta!

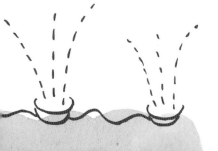

(150) Reutilizar el servilletero de la cafetería

❄ ✿ ☀ 🍁 **+ 4 años**

🕐 20 minutos

Para esta actividad tan sólo necesitamos un servilletero automático, pintura de tiza y hojas de papel.

Pintamos el servilletero con pintura de tiza y recortamos folios a medida del servilletero, tantos como capacidad tenga el servilletero.

Una vez recortados los folios podemos ponernos a dibujar y después guardar estos dibujos dentro del servilletero, Acumulando todas nuestras obras de arte.

Es un excelente marco para exponer obras, añadiendo una y otra y otra conforme creamos.

MATERIALES

- Servilletero
- Pintura de tiza (del color que queramos)
- Folios
- Tijeras
- Pinturas

CURIOSIDAD

Cuentan que la persona que inventó la servilleta fue Leonardo Da Vinci. En un impulso de que los comensales no ensuciaran el mantel donde comían, ofreció un paño a cada persona que había en la mesa para que se limpiara las manos.

(151) Disfrutar de una comida en un restaurante

❄ ✽ ☼ 🍂 + 4 años

🕐 10 minutos

Una comida en un restaurante puede ser una odisea o toda una aventura según lo planteemos. Anticipar las cosas siempre viene muy bien y mejor aún si esta actividad la planificamos todas las personas de la familia. ¿Dónde podemos ir? ¿Qué podemos llevar en los momentos de espera para no aburrirnos? ¿Qué persona pedirá los platos cuando venga a tomarnos nota?

(152) Excursión en el autobús turístico de la ciudad

❄ ✽ ☼ 🍂 + 4/5 años

🕐 10 minutos

¿Tanto tiempo en nuestra ciudad y todavía no hemos disfrutado de un viaje en autobús turístico? ¡Ya va siendo hora! Lo mejor de todo es que a través de la guía vamos a descubrir cosas de nuestra propia ciudad que quizá no sabíamos, y todo de una manera diferente y divertida.

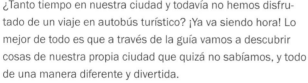

(153) Jugar al veoveo

❄ ✽ ☼ 🍂 + 4 años

🕐 10 minutos

No hace falta invertir mucho en este juego. Es una excelente oportunidad para juntarnos toda la familia y aprovechar cualquier momento en cualquier lugar! "Veo, veo... ¿Qué ves? Una cosita que empieza por la letra..." ¡y a disfrutar!

(154) Correr entre las palomas

❄ ✿ ☀ 🍁 + 14 meses

🕐 5 minutos

Puede ser muy divertido correr hacia ellas, ver cómo alzan el vuelo y sentir el aire que emiten con sus alas.

CURIOSIDAD

¿Sabíais que el color de los ojos de las palomas es diferente cuando son adultas a cuando son pichones? Cuando son recién nacidas son marrones o grises y cuando son adultas suelen ser naranjas.

(155) Saltar charcos

❄ ✿ ☀ 🍁 + 1 años

🕐 5 minutos

¡No huyamos de la lluvia ni de los charcos! Calcémonos unas buenas botas de agua y una buena indumentaria y ¡a disfrutar de los días de lluvia!

(156) Patinar

❄ ✿ ☀ 🍁 + 4 años

🕐 10 minutos

En asfalto, en hielo o en una pista, cualquier lugar donde un patín pueda llevarnos... Una caída, una mano a la que agarrarnos, ¡y unas buenas risas!

(157) Visitar a personas de la familia

❄ ✿ ☀ 🍁 + 1 año

🕐 10 minutos

¡Porque sí! Sin un motivo, simplemente por el mero hecho de disfrutar de su compañía. Siempre podemos llevar algo para almorzar o merendar hecho por nosotros y nosotras como obsequio. ¡Seguro que les gustará!

(158) Ir a un rocódromo

❄ ✿ ☀ 🍁 + 5/6 años

🕐 20 minutos

A falta de montañas en la ciudad siempre podemos encontrar un lugar preparado para escalar. Siguiendo las normas de seguridad, puede ser un buen plan para pasar en familia. ¡Que las aventuras no nos detengan!

(159) Leer los letreros que nos encontramos

❄ ✿ ☀ 🍁 + 4/5 años

🕐 15 minutos

Andar por la calle y encontrar un motivo de juego en cada esquina, como leer los letreros con los que nos cruzamos. ¿Cuál es el más original? ¿Cuál el más largo? ¿Cuál el más raro o curioso?

(160) Visitar una residencia de personas mayores

❄️ 🌼 ☀️ 🍁 + 6 años

🕐 30 minutos

Pasar unos minutos en una residencia leyéndole el periódico a alguna persona mayor, escuchando sus historias y conociendo un poco más de ella nos nutre y nos conecta con el respeto a las personas ancianas, que también fueron niñas y niños.

(161) Tomar un helado

❄️ 🌼 ☀️ 🍁 + 1 años

🕐 10 minutos

¡Un día de capricho! Un día donde ensuciarse de chocolate (¡o del sabor que más nos guste!) sea parte del plan.

(162) Hacer ruta de arte urbano (grafitis)

❄️ 🌼 ☀️ 🍁 + 5/6 años

🕐 10 minutos

En la ciudad podemos encontrar arte en las paredes, murales con grafitis espectaculares, pero... ¿nos detenemos a mirarlos? Ésta es una buena ocasión para estar más atentos y atentas a este arte tan especial.

(163) Crear y hacer malabares

❄ ❀ ☀ 🍁 **+ 4 años**

🕐 25 minutos

Rellenamos unos calcetines largos o unas medias de colores con arroz (podemos utilizar un vaso o un embudo para ayudarnos), apretamos para que quede compacto y hacemos un nudo para que no se salga. ¡Y listo! Ya tenemos nuestras cariocas. ¡A practicar!

MATERIALES

- Dos calcetines largos o medias (usados)
- Arroz
- Embudo o vaso

CURIOSIDAD

Parece ser que los primeros indicios de los malabares ya databan de la época egipcia donde encontraron en la tumba de un faraón una inscripción en piedra sobre este tipo de juego. El nombre del faraón era Beni Hassan.

164 ¿Piedra, papel o tijera?

❄ ✿ ☀ 🍂 + 3/4 años

🕐 10 minutos

Éste es un juego conocido por todas las personas y que se transmite generación tras generación sin perderse.

Para este juego necesitamos dos personas. Cada una esconde sus manos detrás de la espalda y a la vez tienen que decir "Piedra, papel o tijera" y sacar su mano mostrando qué elemento han representado; tijeras (la mano con forma de tijeras), papel (la mano con forma de papel) o piedra (la mano con forma de piedra). Las tijeras cortan el papel, la piedra es más pesada que las tijeras y el papel tapa la piedra. Sabiendo esto, ya podemos ponernos a jugar sin parar.

165 Asistir a una obra de teatro

❄ ✿ ☀ 🍂 + 4/5 años

🕐 1 hora

Asistir a una obra de teatro nos desconecta de las rutinas, del día a día, del ajetreo de la ciudad. En ese momento, en ese lugar, disfrutamos de la creatividad, de la originalidad, de poner nuestros sentimientos a flor de piel y de compartirlo con las personas que más queremos, nuestra familia.

166 Pasear por un rastro

❄ ✿ ☀ 🍂 + 5 años

🕐 30 minutos

Disfrutar de antigüedades, reliquias, objetos con historias pasadas. Paradas llenas de tesoros expuestos al aire libre en este nostálgico mercadillo que podemos recorrer en familia. ¿Qué tesoro encontraremos?

167 Subirse en un carrusel

❄ ❀ ☀ 🍁 + 1 años

🕐 10 minutos

¡Nunca es tarde! Aprovechemos para rememorar nuestros recuerdos de niñez mientras creamos los de nuestras criaturas.

168 Merendar en un parque

❄ ❀ ☀ 🍁 + 1 año

🕐 10 minutos

¡Poco necesitamos para esta actividad, tan sólo preparar una buena merienda en una cestita y salir al parque a disfrutarla!

169 Tesoros escondidos

❄ ❀ ☀ 🍁 + 2 años

🕐 25 minutos

¿Qué tal si cogemos piedras, las pintamos entre toda la familia y luego decidimos en qué lugar de la ciudad o el pueblo dejar estos pequeños tesoros pintados? ¡Sería una suerte que alguna persona los encontrara!

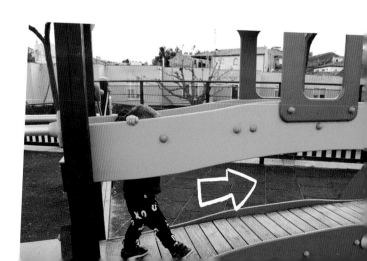

170) Sigue la cadena

❄ ✽ ☀ 🍁 + 6 años

🕐 15 minutos

Podemos hacer un experimento social en familia: la idea es que, por ejemplo, dejemos un libro o un cuento en un banco con un cartel que ponga "Llévatelo y deja otro en su lugar". Si lo dejamos por la mañana podemos volver por la tarde a ver qué ha pasado. Sin ningún tipo de expectativa, que sea la curiosidad, la experiencia y el saber qué va a pasar lo que determine el rumbo de este experimento.

171) Donar juguetes/ropa/ comida

❄ ✽ ☀ 🍁 + 4 años

🕐 15 minutos

Cualquier momento es bueno para ser personas solidarias y altruistas. Simplemente debemos ser conscientes de las realidades que nos rodean y ayudar a las personas que lo necesiten. A veces no hace falta irse muy lejos: una persona amiga, vecina o algún lugar donde se encarguen de repartir recursos a las personas que lo necesitan.

172) Ir a un concierto

❄ ✽ ☀ 🍁 + 4 años

🕐 1 hora

Dejemos que la música nos envuelva. ¡Unas risas, unos bailes y una cena de pie a la luz de los focos!

173) Caminar haciendo el tren

❄ ❀ ☀ 🍂 + 2 años

🕐 10 minutos

En los momentos en los que los paseos por la calle se hacen demasiado largos, podemos aprovechar para crear nuestro propio tren: una persona detrás de otra y caminamos en dirección al lugar donde queramos llegar. ¡Es importante no tener vergüenza! Es más divertido cuando gesticulamos y hacemos ruidos de tren.

174) Comparte y propón

❄ ❀ ☀ 🍂 + 5 años

🕐 10 minutos

Seguro que cerca de nuestro barrio hay una cafetería o tenemos un lugar al que a veces vamos a tomar un refresco. Podemos fijarnos en lo siguiente: ¿este lugar está pensado para la infancia? ¿Hay sillas bajitas y una mesa adaptada? ¿Hay juguetes o libros? Tal vez, si tenemos confianza, podemos proponer llevar algunos juguetes que tengamos en casa y que ya no usemos y hacer ese espacio más acogedor.

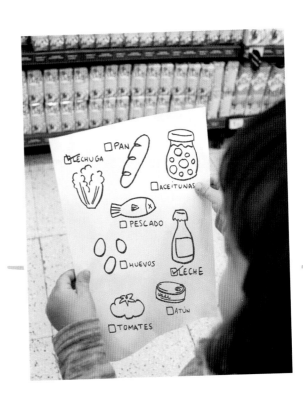

175) Comprar en el supermercado

❄ ❀ ☀ 🍂 + 2 años

🕐 20 minutos

Antes de ir al súper sería estupendo hacer una lista de la compra. Si las criaturas no saben escribir ni leer aprovecharemos la publicidad del buzón del súper para recortar y pegar en un folio lo que nos hace falta. Si ya saben escribir y leer, sencillamente vamos a ir apuntando. Podemos ir con una calculadora además de la lista de la compra, así sabremos si podemos darnos un caprichito que no esté en la lista.

Podéis encontrar una plantilla para vuestra lista de la compra en **www.aprendiendoconmontessori.com**

CURIOSIDAD

Antiguamente la moneda de cambio era un simple trueque: "Yo te doy lo que tú necesitas y tú me das lo que yo necesito". Pero esto dejó de funcionar por el crecimiento de la actividad del comercio, ya que no siempre una persona necesitaba lo que tenía la otra y a la inversa. Por otra parte, muchas veces, las dos cosas que se querían intercambiar no tenían el mismo valor, lo que hacía muy difícil la operación. Así es como se llegó a la moneda.

(176) Limpiar la ciudad

❄ ✳ ☀ 🍁 **+ 2 años**

🕐 20 minutos

¿Cuántas veces hemos salido a pasear por nuestro barrio y nos hemos encontrado un papel tirado en el suelo? Y, si es así, ¿lo hemos recogido? ¡Aquí una propuesta! Unas pinzas largas y salir a la calle para ir recogiendo todos los residuos que encontremos en el suelo. Ser conscientes de que cuando tenemos un desperdicio debemos tirarlo a la basura. Podemos convertir esta actividad en algo divertido y sentirnos felices sabiendo lo que estamos haciendo por el medio ambiente, nuestra ciudad y todas las personas. Y la próxima vez que veamos a una persona tirando algo al suelo podemos invitarla a tirarlo en la papelera.

MATERIALES

- Pinzas largas
- Pinzas cortas
- Cubo o bolsa de basura
- Guantes

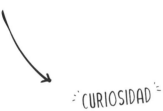

CURIOSIDAD

Parece ser que una de las ciudades más limpias del mundo está en Canadá, concretamente, Calgary. Lo consiguieron, entre otras cosas, gracias a las estrictas multas. ¿Es necesario llegar a eso para poner solución a la suciedad de nuestras calles?

"¡Qué será de nosotras y nosotros si destruimos el medio que nos rodea? ¡Que cuidar sea nuestro mantra!"

Zazu Navarro

177) Un, dos, tres, pajarito inglés

❄️ 🌼 ☀️ 🍁 + 4 años

🕐 20 minutos

Las esperas a veces se hacen eternas, pero siempre podemos ponerle un poquito de diversión jugando a algo como "un, dos, tres, pajarito inglés". Tal vez le llamamos de otra manera, pero seguro que el juego es el mismo. Necesitamos más de cuatro personas para jugar: una que cuenta mirando hacia la pared diciendo "un, dos, tres, pajarito inglés" y que después de decirlo, se gira, y las otras permanecen detrás de la persona que cuenta y han de ir avanzando hasta tocar la pared, sin que la persona que cuenta las vea moverse. Si las ve moverse, deberán retroceder.

178) Acudir a un partido de deporte

❄️ 🌼 ☀️ 🍁 + 5 años

🕐 1 hora

¿Hay algún partido a la vista en nuestra ciudad o en nuestro pueblo? ¡Podemos ir a animar y ver cómo juegan!

179) Doblar servilletas en un bar

❄️ 🌼 ☀️ 🍁 + 2 años

🕐 5 minutos

Ir a un bar a veces supone esperar hasta que nos traen lo que hemos pedido. Así que una forma entretenida de esperar puede ser hacer papiroflexia con las servilletas: un comecocos, un barco, un pajarito o lo que se nos ocurra.

(180) Dibujar con tizas en la acera del parque

❄ ✿ ☀ 🍂 + 18 meses

🕐 10 minutos

Las tizas pueden dar mucho juego y no son pinturas que manchan y se quedan para siempre en ese lugar. Así que llevar unas cuantas tizas al parque puede ser un recurso fabuloso para dibujar caras, el contorno de nuestras sombras, palabras y lo que queramos compartir con todas las personas que pasen por allí. ¿Tal vez un mensaje de los que hacen reflexionar? ¡Dejemos volar la imaginación!

(181) Repartir flores a los viandantes

❄ ✿ ☀ 🍂 + 2 años

🕐 10 minutos

Podemos recoger flores silvestres, de las que nacen en cualquier rincón de la ciudad sin que nadie las cuide ni plante. Tal vez después de recogerlas podamos regalarlas a las personas que pasen por nuestro lado. A veces no hace falta conocer a la persona para regalarle una flor y una sonrisa. Esto puede hacer que le cambiemos el día a alguien, ¡y cuesta tan poco...!

(182) Visitar un refugio de animales

❄ ✿ ☀ 🍂 + 6 años

🕐 20 minutos

Seguro que cerca de nuestra ciudad o pueblo hay un lugar destinado a animales que necesitan ayuda. Nunca es tarde para conocer cómo funciona el lugar o qué podemos hacer para ayudar junto a nuestra familia. A veces no se trata de dar dinero sino de invertir un poco de tiempo en ayudar a limpiar, pasear a los animales o darles de comer. ¿Nos animamos?

(183) Saltar a la comba

✿ ☀ + 5 años

🕐 30 minutos

¡Animémonos y cojamos la comba! Necesitamos dos personas para balancear la cuerda de un lado a otro o para darle vueltas. Cada persona que participa entra y sale, por turnos, mientras canta una canción.

"Yo tengo unas tijeritas que se abren y se cierran. Yo toco cielo, yo toco tierra. Yo me arrodillo. Yo toco los platillos y me salgo fuera."

Mientras cantamos esta canción tenemos que gesticular. Las tijeras que se abren y cierran, extender la mano hacia arriba como si tocaras el cielo, agacharte y tocar el suelo, arrodillarse, tocar los platillos con las manos y ya salirnos fuera. ¡Y todo esto mientras saltamos la cuerda que va girando sin parar!

CURIOSIDAD

Se cree que en la época egipcia crearon una herramienta capaz de hacer cuerdas a partir de juncos.

MATERIALES

- Una cuerda de unos 2,7 o 3 metros
- Dos personas para mover la cuerda
- Una o más personas para saltar a la comba

(184) Ir a una piscina de bolas

❄️ 🌼 ☀️ 🍁 + 2 años

🕐 10 minutos

Ésta es la única piscina donde nos bañamos y salimos secos. ¿Por qué no lo probamos un día?

(185) Comer en un food truck

❄️ 🌼 ☀️ 🍁 + 3 años

🕐 15 minutos

Es una forma muy divertida de compartir y disfrutar en familia y comer de una forma diferente. Un desayuno, un almuerzo, una comida o una cena. ¡La cuestión es hacerlo en familia!

(186) Disfrutar de un parque de atracciones

❄️ 🌼 ☀️ 🍁 + 4 años

🕐 2 hora

En las grandes ciudades, sin duda, no falta un parque de atracciones. ¡Una experiencia más para vivir emociones distintas!

(187) Visitar un mercadillo medieval

❄️ 🌼 🍁 + 1 años

🕐 1 hora

Hay mercados medievales que consiguen transportarnos al pasado. Las vestimentas, los decorados, las actuaciones en las calles que espontáneamente se crean. ¡Todo un escenario para vivir la historia en primera persona!

(188) Llenar globos en una fuente

☀️ + 4 años

🕐 25 minutos

Este plan puede ser uno de los más entretenidos; eso sí, tenemos que ir con muchas ganas de mojarnos. Una vez llenemos los globos hay una gran cantidad de actividades que podemos hacer: sentarnos encima hasta explotarlos, pasárnoslos de mano en mano sin que se caigan, hacer malabares con ellos... ¿qué se nos ocurre?

(189) Asistir a un cuentacuentos

❄️ 🌼 ☀️ 🍁 + 2 años

🕐 20 minutos

Los cuentos nos transportan a otros lugares y nos hacen viajar sin necesidad de coger un avión. El amor por la lectura es algo que debemos cultivar y cuidar, y asistir a un cuentacuentos es una buena forma de acercarnos de manera amena a los libros y a la lectura.

(190) Dibujar un charco

❄ ✳ ☀ 🍁 **+ 4 años**

🕐 10 minutos

Para esta actividad es necesario que haya llovido porque vamos a comprobar cómo se seca el charco y en cuánto tiempo. Lo primero para observar este hecho es salir a la calle e ir a un charco. Con tiza podemos dibujar el contorno del charco y, una vez lo tengamos, podemos fijarnos al pasar por delante ese mismo día y los días posteriores cómo poco a poco se va secando. También podemos aprovechar y fijarnos también en cuánto tiempo se seca.

CURIOSIDAD

¿Sabíais que las gotas no tienen forma de lágrima? Las más pequeñas pueden tener una forma esférica y las más grandes, de alubia. Esto es debido a la gravedad y a la presión del aire cuando caen.

MATERIALES

- Tiza
- Charco
- Reloj (para comprobar cuánto tiempo hace falta para que se seque)

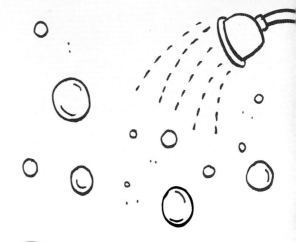

(191) Dejar mensajes en lugares culturales

❄ ✻ ☀ 🍁 + 6 años

🕐 15 minutos

¿Vamos a ir a ver un monumento emblemático, unas ruinas, una exposición, una obra de teatro? Una buena idea puede ser escribir toda la familia en una hoja alguna curiosidad sobre ese lugar que vamos a visitar en una hoja, guardarla en un sobre que ponga "léeme por favor" y dejarla en el lugar que visitemos antes de marcharnos para ver si alguna persona lo coge y lo lee. ¡Seguro que se lleva una sorpresa!

(192) Disfrutar de un día de spa

❄ ✻ ☀ 🍁 + 10 años

🕐 1 hora

En las actividades propuestas en hogar vimos cómo hacer un circuito de spa casero (actividad 13). Ahora la idea es ir a un lugar dedicado a esto, donde podamos disfrutar de un buen masaje, un circuito termal..., y donde a través de nuestro cuerpo podamos vivir los diferentes tipos actividades que nos lleven a una relajación absoluta.

(193) Ir al baño libre de la piscina municipal

❄ ✻ ☀ 🍁 + 1 años

🕐 15/25 minutos

Ir al baño libre con toda la familia puede ser una actividad genial. Si la piscina es climatizada, será estupendo programarlo cualquier día del año.

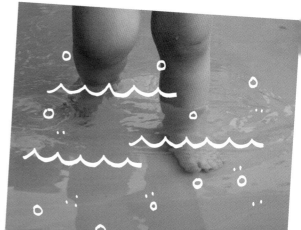

(194) Limpiar el coche

❄️ 🌼 ☀️ 🍁 + 3 años

🕐 5 minutos

¿Por qué limpiar el coche tiene que ser aburrido?
Si lo hacemos toda la familia puede convertirse
en una actividad diferente de la que disfrutar.
Un túnel de lavado o una manguera, algo tan
cotidiano puede convertirse en un momento para
compartir.

(195) Compartir día con skaters

❄️ 🌼 ☀️ 🍁 + 4 años

🕐 15 minutos

¿Conocemos alguna zona donde se suelan reunir
skaters? ¡O tal vez ya lo somos! Este plan puede
ser muy entretenido tanto para las personas que
saben cómo para las que no. Siempre se puede aprender algo nuevo y compartir preguntas,
experiencias y vivencias con las personas que más
práctica tienen. ¡Será un día sobre ruedas!

· CURIOSIDAD ·

En 1976 se creó el primer
skatepark en Florida (EE.UU.).

(196) Tomar un refresco

❄️ 🌼 ☀️ 🍁 + 2 años

🕐 15/20 minutos

Hay actividades que surgen de manera espontá-
nea, y ésta puede ser una de ellas. Siempre es
buen momento para tomar un tentempié después
de un paseo o simplemente para parar a descansar
un rato en cualquier momento del día.

(197) Seguridad vial

❄ ❀ ☀ 🍁 + 4/5 años

🕐 1 hora

Ir a un parque de seguridad vial es una idea fantástica que nos permite de manera segura practicar cómo podemos ir por la calle y conocer las normas de seguridad. También podemos asistir a charlas especializadas para la infancia donde la persona que las imparte muestra cómo movernos por la ciudad. Aprender jugando es divertido y si la familia comparte estos aprendizajes todavía se hacen más agradables.

"Más vale llegar tarde que nunca."

Dicho popular

CURIOSIDAD

El primer semáforo se instaló en 1868 en Reino Unido e imitaba las señales del ferrocarril utilizando sonidos para que pararan o avanzaran los coches. De noche usaban luces de gas.

MATERIALES

- Parque de seguridad vial

- Medio de transporte, si queremos, como bicicleta, patinete o kart

(198) Escribir y enviar una carta

❄ ❀ ☀ 🍁 + 5/6 años

🕐 25 minutos

¿Por qué perder está tradición tan bonita? ¿Por qué mandar un email cuando podemos dejar un mensaje en papel y conservarlo siempre? ¡Saquemos nuestros lápices y a mover la muñeca!

(199) Jugar al cangrejo

❄ ❀ ☀ 🍁 + 5/6 años

🕐 20 minutos

Para este juego es importante la postura de cangrejo: manos en forma de pinza y pies en arco, ¡y ya estamos preparados y preparadas para pillar a las demás personas corriendo de lado! Si nos toca el cangrejo nos convertimos en cangrejo y tenemos que ponernos a perseguir al resto. ¡Cuantas más personas pillemos, más cangrejos seremos!

(200) Jugar a la rayuela

❄ ❀ ☀ 🍁 + 4 años

🕐 El que sea necesario según los jugadores

¡Tizas, por favor! Dibujamos las ocho casillas típicas de la rayuela en el suelo. Por turnos, cada persona tira una piedra y recorre una parte de la rayuela a la pata coja, siempre esquivando las casillas donde hay piedras. En las partes del tablero en que hay dos recuadros juntos, podremos usar los dos pies. ¡Siempre que no haya piedras!

La idea es conseguir llegar al final y volver a completar el recorrido para coger la piedra de vuelta.

201) Subir en avión

☀ ❋ ☼ 🍁 **+ 1 mes**

🕐 Depende de la duración del vuelo

Subir en avión es toda una experiencia, tanto
por los preparativos como por el viaje en sí mismo. Responsabilizarnos de hacer la maleta, de
seguir las indicaciones del aeropuerto, trabajar
la espera y, una vez en nuestros asientos, leer
o investigar qué vemos por la ventanilla del
avión: ¿dónde están las nubes? ¿Y nuestra
casa? ¿Qué vemos desde allá arriba? ¿Por qué
la línea del horizonte no es recta sino curvada?

202) Jugar a la selva en los setos del parque

☀ ❋ ☼ 🍁 **+ 3 años**

🕐 15 minutos

A veces sólo hace falta un poquito de naturaleza e imaginación para disfrutar de un buen momento. Podemos ir a
un parque que tengamos cerca y pasear entre los árboles.
¡Como si estuviéramos explorando una jungla exótica!
¿Qué animales podemos imaginar que nos encontramos
en nuestra expedición?

203) Reconocer los árboles de la ciudad

☀ ❋ ☼ 🍁 **+ 5/6 años**

🕐 30 minutos

Seguro que en nuestro pueblo o ciudad hay árboles, pero
¿sabemos de qué árboles se trata? ¿Nos hemos puesto
alguna vez a investigar qué tipo de árbol son, cómo se
llaman o qué frutos dan? Una buena idea puede ser descubrir qué árboles nos rodean. Podemos recorrer el barrio
recogiendo hojas y flores y apuntando con dibujos y letras
las formas de los troncos y las ramas. Podemos guardar
lo que recojamos entre las páginas de la libreta y así, si
vemos otro igual, lo reconoceremos más fácilmente.

(204) El pañuelo

❄ ✺ ☀ 🍁 + 4 años

🕐 20 minutos

Un juego popular con el que podemos divertirnos en cualquier plaza o parque es el famoso pañuelo.

Para este juego hace falta un pañuelo y, como mínimo, tres personas, aunque será más divertido si somos al menos cinco.

Las personas que juguemos tenemos que formar dos grupos y ponernos en dos filas paralelas mirando al frente y separados por una cierta distancia. Es importante que haya el mismo número de personas participantes en un grupo y otro porque se asignará a cada persona un número que tiene que estar también asignado en el otro equipo.

Alguien se quedará a mitad de camino de las dos filas con el brazo extendido y sujetando el pañuelo con su mano, dirá un número y las que tengan ese número deberán salir corriendo a por el pañuelo, cogerlo, y volver a su equipo antes de que el contrario le atrape.

Ganas la ronda si consigues volver a tu fila con el pañuelo sin que te toquen o si consigues tocar al que lo lleva.

CURIOSIDAD

En la historia, los pañuelos blancos se utilizaban, entre otras cosas, para solicitar una tregua al enemigo.

MATERIALES

- Pañuelo
- Más de tres personas

(205) Jugar a pillar

❄ ✿ ☼ 🍁 + 2 años

🕐 10 minutos

Un juego muy sencillo al que a veces no pensamos en jugar, y que es muy útil sobre todo cuando hay que esperar en algún lugar, es... ¡el pillapilla! Este juego universal lo conocen con muchos nombres como la pinta, la mancha o tula, que deriva de "tú la llevas" ¡A correr todo el mundo!

(206) Recoger hojas que ha caído de los árboles

❄ ✿ ☼ 🍁 + 2 años

🕐 15 minutos

Cuando salimos a la calle podemos aprovechar el recorrido y recoger las hojas que han caído de los árboles para llevarlas a casa. Después podemos crear un collage toda la familia, un rincón dedicado a la estación o cualquier actividad original que se nos ocurra para utilizarlas.

(207) Búsqueda de tesoro en el parque

❄ ✿ ☼ 🍁 + 6 años

🕐 1 hora

Una persona de la familia se encargará de esconder el tesoro. Podemos hacer incluso un mapa del parque, inventar una historia sobre el origen del tesoro y preparar todas las pistas para encontrarlo. El tesoro puede ser una piedra original o inusual en la que podemos dibujar para ayudar en la búsqueda. ¡Esa marca debe aparecer en el mapa! Cuando el tesoro ya esté bien escondido, saldremos a buscarla en equipo y tendremos que encontrarlo con las pistas que haya en el mapa.

(208) Juego de palmas

❄️ 🌼 ☀️ 🍁 + 2 años

🕐 10 minutos

En cualquier lugar, a cualquier hora, en cualquier momento. ¡Así de sencillo es jugar a las palmas! Podemos inventarnos una canción y chocar las manos entre dos o más personas al ritmo de la música, cambiar el sentido, la velocidad… ¡choca esos cinco!

(209) Adivinar el sentimiento

❄️ 🌼 ☀️ 🍁 + 2/3 años

🕐 15 minutos

Por turnos, una persona de la familia tendrá que expresar a través de gestos un sentimiento. Quien acierte de qué sentimiento se trata obtendrá su turno y tendrá la oportunidad de expresar su sentimiento para que el resto lo adivinen. Así practicamos cómo expresarnos, a la vez que nos fijamos en cómo se sienten las otras personas.

(210) Visitar ruinas

❄️ 🌼 ☀️ 🍁 + 4 años

🕐 10 minutos

En muchos lugares podemos encontrar ruinas romanas: descubrirlas puede ser toda una aventura. ¿Quién las construyó? ¿Cómo? ¿Por qué? ¿Cómo las usaban? ¡Aprender siempre puede ser muy enriquecedor!

(211) Expresiones faciales de revistas

❄ ✿ ☼ 🍁 + 2 años

🕐 10 minutos

Muchas veces, en lugares donde acostumbramos a esperar, como el médico, el dentista o en una cafetería, podemos encontrarnos revistas o periódicos para amenizar esa espera que pueden ser un gran recurso. Por ejemplo, podemos jugar a identificar qué siente cada persona que vemos en las fotografías sólo con mirar su expresión facial o su postura. ¡No vale leer el texto para descubrirlo!

CURIOSIDAD

La primera revista del mundo era un libro de artículos y se publicó periódicamente en Alemania entre los años 1663 y 1668.

MATERIALES

- Revistas
- Periódicos

212 Pasear en patinete

❄ ✿ ☀ 🍂 + 2 años

🕐 10 minutos

Los paseos a pie son los más comunes, pero ¿qué tal si variamos y lo hacemos en patinete? Podemos hacer los mismos trayectos, y los viviremos de una forma totalmente diferente.

213 Acudir a una batucada

❄ ✿ ☀ 🍂 + 1 años

🕐 20/25 minutos

La música es vida, alegría y pasión. ¡La música es necesaria! A todas las personas nos gusta escucharla. En nuestra ciudad (o cerca) seguro que hay algún grupo al que podemos ver ensayar o incluso probar una clase. Y si no siempre podemos preguntar cuándo va a ser su siguiente actuación en la calle para ir con toda la familia. ¡A poner el esqueleto en movimiento!

214 Disfrutar de un festival callejero

❄ ✿ ☀ 🍂 + 1 años

🕐 1 hora

Existen festivales en pueblos y ciudades imperdibles y con los que podemos disfrutar muchísimo: teatro en la calle, malabares, magia, música... Si buscas, seguro que encuentras artistas que ofrecen su arte y su magia en algún rincón de la ciudad.

215 Ayudar en un comedor social

❄ ✿ ☀ 🍁 + 6 años

🕐 1 hora

Tal vez tengamos un comedor social cerca de nuestra casa y ni siquiera nos hemos planteado ir a echar una mano, a conocer, a sonreír, a escuchar, a compartir. Es una buena oportunidad para reflexionar sobre lo que es importante.

216 Palabras relacionadas

❄ ✿ ☀ 🍁 + 6 años

🕐 15/20 minutos

Por turnos, cada persona debe decir una palabra. Pero ¡ojo! Cada palabra debe estar relacionada de alguna manera con la anterior y no podemos repetir. Así, una a una, vamos creando una cadena de palabras relacionadas. Al final compararemos la palabra con la que hemos empezado y con cuál hemos acabado. ¡Veréis qué cambio!

217 Ver jugar a la petanca

❄ ✿ ☀ 🍁 + 4 años

🕐 El tiempo que queramos

¿Sabíais que en la época romana ya jugaban a la petanca? ¿Y que "petanca" significa "pies juntos"? Puede ser muy entretenido fijarnos y ver cómo juegan. Observar es una forma de aprender los trucos y las mecánicas del juego. Así, cuando lo practiquemos, lo haremos mejor.

(218) La gallinita ciega

❄ ❀ ☀ 🍁 + 5/6 años

🕐 25 minutos

Éste es un juego ideal para el parque o para un espacio abierto en la ciudad. La persona que hace de gallinita se venda los ojos con un pañuelo para no ver nada mientras el resto la rodeamos haciendo un corro a su alrededor. Alternativamente vamos cantando un diálogo:

CORRO: Gallinita ciega, ¿qué se te ha perdido?
GALLINITA: Una aguja y un dedal.
CORRO: Pues da tres vueltas y los encontrarás.
TODOS: Una, dos y tres, ¡y la del revés!

Y, mientras cantan esta última frase, la gallinita debe dar tres vueltas sobre sí misma en un sentido y otra en el contrario. Después debe coger a alguna de las personas del corro y, sólo mediante el tacto, adivinar quién es. Si acierta, se intercambian los papeles.

MATERIALES

○ Un pañuelo

CURIOSIDAD

El pico de una gallina tiene numerosas terminaciones nerviosas, por lo que es muy sensible. A través de su pico las gallinas exploran su entorno. ¿Tendrá el juego el nombre de "Gallinita" por ese motivo?

219 La carretilla

❄ ✿ ☀ 🍁 + 6/7 años

🕐 20 minutos

A la carretilla se juega por parejas. La persona que hace de carretilla coloca sus manos en el suelo, mientras la otra le coge de las piernas para llevarla. Las dos personas se desplazan de esta forma hasta llegar a su meta, que puede ser cualquier sitio.

220 Visitar el cauce de un río

❄ ✿ ☀ 🍁 + 14 meses

🕐 20/25 minutos

Podemos hacer una excursión al cauce del río más cercano de nuestra localidad, tanto si está seco como si lleva agua, y fijarnos cómo es, qué forma tiene, qué animales y plantas viven en él y disfrutar del paisaje.

221 Ir a un monumento emblemático

❄ ✿ ☀ 🍁 + 5 años

🕐 10 minutos

Seguro que hay algún lugar en nuestra ciudad o cerca que tenga detrás una historia que contarnos. No tienen por qué ser unas ruinas o algo muy antiguo para ser importante. ¡Hay tantas razones para que un lugar sea interesante! ¡Vayamos a descubrirlos!

(222) Disfrutar del carril bici

❄ ✽ ☀ 🍁 + 14 meses

🕐 1 hora

Si tenemos bici podemos planear una ruta por la ciudad para toda la familia. Si no tenemos, siempre podemos optar por alquilar unas por unas horas. Un recorrido sencillo, con o sin destino, ¡y a disfrutar del trayecto sobre ruedas!

(223) Ver la ciudad desde el edificio más alto

❄ ✽ ☀ 🍁 + 5 años

🕐 20 minutos

Seguro que todas las personas tenemos muy vista nuestra ciudad, pero ¿alguna vez la hemos visto desde las alturas? Podemos ir al lugar más alto que encontremos con toda la familia y ver nuestra ciudad a tamaño diminuto.

(224) Asistir a un taller de manualidades

❄ ✽ ☀ 🍁 + 2 años

🕐 1 hora

No todos los días, ni tampoco a todas horas, hay talleres de manualidades en nuestra ciudad, pero podemos informarnos de cuándo y dónde hacen uno ¡y disfrutar de este plan en familia!

(225) Dibujar sombras

 ❄ ✿ ☀ 🍁 **+ 2 años**

🕐 10 minutos

Sólo necesitamos una mañana soleada, una acera, una tiza y compañía. Cuando veamos nuestra sombra aparecer, ¡STOP!, y la dibujamos con la tiza.

MATERIALES

- Acera
- Tizas grandes (de todos los colores)
- Sol
- Personas o diversos objetos

CURIOSIDAD

Probemos a poner un folio cuando haga sol. Ponemos la mano cerca del papel. ¿Vemos la sombra? Es definida. En cambio, si la alejamos, la sombra se difumina. ¿Sabéis que estos dos tipos de sombra reciben un nombre? La más definida se llama "umbra" y la más difuminada, "penumbra".

226 Jugar a no salirse de la línea

❄ ❀ ☀ 🍁 + 3/4 años

🕐 10 minutos

En los parques y en las calles peatonales, seguro que hay algún bordillo o alguna línea gruesa para ir por encima y seguirla haciendo equilibrios. ¿Puedes recorrerla entera sin que tus pies se salgan?

227 Papiroflexia

❄ ❀ ☀ 🍁 + 5 años

🕐 15 minutos

Siempre podemos meter en nuestro kit de ciudad unos cuantos folios. ¡Seguro que nos salvan del aburrimiento! ¿Cuánto podemos hacer volar un avión de papel? ¿Qué diseño es mejor para planear o para ir rápido? ¿Puede nuestra flota de barquitos navegar las olas de este mar de arena? ¡Y también pájaros y ranas! ¿Qué más se nos ocurre?

228 Asistir a una clase de yoga

❄ ❀ ☀ 🍁 + 2 años

🕐 10 minutos

Cuidar nuestro cuerpo y nuestra mente es tan importante que deberíamos hacerlo todos los días, pero a veces no hay tiempo. ¿Por qué no hacerlo en familia? ¡Puede ser muy enriquecedor! Busquemos en nuestra ciudad lugares donde podamos asistir a clases de yoga en familia. A veces incluso se organizan eventos públicos en parques o playas.

(229) Laberinto en la acera

❄ ✿ ☀ 🍁 + 4 años

🕐 15 minutos

Hacemos un circuito con tiza en el suelo trazando una línea que llevará desde un punto a otro punto con diferentes curvas y recodos. En un extremo podemos poner una piedra y en el otro situaremos nuestros pies. Nuestra misión es llegar a la piedra siguiendo la línea del suelo.

(230) Frases con vocales

❄ ✿ ☀ 🍁 + 5/6 años

🕐 15 minutos

Se trata de crear una frase que luego iremos repitiendo, cada vez con una vocal diferente. Si por ejemplo la frase es: "El perro come pienso", primero diremos la frase reemplazando todas las vocales con la "a". Por ejemplo, "Al parra cama paansa". La frase debe decirla cada una de las personas que participen en el juego por turnos y, pero cada vez con una de las vocales: sólo con la "e", sólo con la "i" y así sucesivamente. Al volver a la "a", cambiamos de frase. ¿Quién aguantará sin reír más tiempo?

(231) Hacer la maleta

❄ ✿ ☀ 🍁 + 2 años

🕐 15 minutos

En casa, en un hotel, en el camping, en un hostal... ¿Qué necesitamos para irnos de viaje? ¿Cabrá todo en nuestra maleta? Para las criaturas más pequeñas podemos hacer una lista con fotos de las cosas que han de empacar.

(232) Ratón, que te pilla el gato

❄ ✿ ☀ 🍁 + 5/6 años

🕐 20/25 minutos

Éste es otro de esos juegos sencillos que pueden resultar muy entretenidos. Tenemos que ser, como mínimo, cuatro personas. Elegimos quién será el "ratón" y quién será el "gato", y el resto hacemos un círculo cogiéndonos las manos.

El ratón ha de salir del círculo y entonces llega el gato y pregunta "¿Por dónde se fue el ratón?" y el resto señala por dónde salió.

Entonces el gato empieza a perseguir al ratón pasando entre las manos de las personas participantes, mientras se canta la canción "Ratón que te pilla el gato, ratón que te va a pillar, si no te pilla esta noche, mañana te pillará".

En el caso de que el gato pille al ratón se intercambian los papeles y luego se puede elegir nuevos gatos y ratones.

CURIOSIDAD

En el antiguo Egipto los gatos eran venerados como animales sagrados. Si el gato de una familia egipcia moría, toda la familia, en señal de duelo, se depilaba las cejas.

MATERIALES

- Una persona que haga de gato
- Una persona que haga de ratón
- Más de cuatro personas para realizar el juego

233 Ir en ferri

❄ ✿ ☀ 🍁 + 14 meses

🕐 20 minutos

Igual en nuestra ciudad no hay, pero, si en algún momento podemos coger uno, descubriremos que navegar es toda una experiencia que vale mucho la pena vivirla en familia.

234 Visitar un horno tradicional

❄ ✿ ☀ 🍁 + 4 años

🕐 10 minutos

Aunque quedan cada vez menos, siguen existiendo algunos hornos tradicionales, y es una suerte tenerlos cerca. En estos lugares encontraremos historias, recuerdos de generaciones pasadas, manjares tradicionales y originales y, por supuesto, un olor inconfundible. ¡Seguro consigue abrirnos el apetito!

235 Saltar en colchonetas

❄ ✿ ☀ 🍁 + 4 años

🕐 5 minutos

¡Esto realmente es toda una terapia! Sobre todo, si se trata de saltar en familia. Las agujetas a causa de la risa están aseguradas.

(236) Subir en un teleférico

❄ ❀ ☀ 🍁 + 1 mes

🕐 10 minutos

En todas las ciudades no hay teleférico, pero, si tenemos la suerte de visitar o de vivir en una que tenga, ¡aprovechemos! Seguro que las vistas no defraudan.

(237) El espejo (hacer lo que yo haga)

❄ ❀ ☀ 🍁 + 3 años

🕐 10 minutos

Se puede hacer en cualquier espacio. Una persona gesticulará y las demás imitarán sus gestos en silencio, recreando lo que un espejo haría. Sólo vale reírse si el que es imitado lo hace, ¡incluso si pone caras raras o si hace cosas muy graciosas!

Naturaleza en familia

1 DESCONEXIÓN

Las rutinas y las prisas nos alejan de la calma y la paz; podemos recuperarla en contacto con la naturaleza.

2 ATENCIÓN

La naturaleza puede cautivar nuestra atención, ofrecernos desde su libertad la capacidad de concentrarnos.

3 ESTADO DE ÁNIMO

Nuestro cerebro descansa cuando se aleja de la monotonía, de las rutinas que nos enganchan en el día a día. Y sin duda este aspecto repercute en nuestro estado de ánimo. Más naturaleza es igual a más bienestar.

4 CREATIVIDAD

Fomentar la resolución de conflictos de manera creativa pone en marcha la imaginación.

5 VÍNCULO FAMILIAR

Crear situaciones y momentos familiares positivos, aumenta la conexión familiar y el vínculo.

6 SEDENTARISMO

Todas estas actividades nos alejan de las pantallas, de quedarnos sentados y sentadas en un sillón.

(238) Kit naturaleza

❄ ❀ ☀ 🍁 **+ 18 meses**

🕐 15/20 minutos

Una de las cosas más fascinantes de los planes es pensarlos y organizarlos, imaginar qué haremos y preparar todo lo que necesitamos. Un ejemplo de ello es el kit de naturaleza. Podemos pensar en colocar en una mochila herramientas útiles para cuando estemos en la naturaleza.

Tal vez en una sola excursión no utilicemos todo, pero llevarlo ya nos proporciona la posibilidad de poder utilizarlo.

MATERIALES

- Lupa
- Prismáticos
- Metro, regla o cinta métrica
- Bote para observar insectos
- Brújula
- Libreta
- Lápiz
- Libro de insectos o animales

CURIOSIDAD

El Amazonas es el lugar donde mayor biodiversidad hay de nuestro planeta. Cada año se descubren nuevas especies.

(239) Visitar almendros en flor

❄ ✿ + 2 años

🕐 25 minutos

Entre invierno y primavera la flor del almendro empieza a ver la luz.

Disfrutar de un paseo entre almendros puede ser no sólo precioso, sino una fuente de aprendizaje para todas las personas que forman el núcleo familiar. Podemos observar el ciclo de vida de la almendra, la flor, el fruto y la semilla. Podemos tocarlo, aprenderlo y, en definitiva, vivirlo.

(240) Recolectar flores

✿ + 18 meses

🕐 15 minutos

Las flores alegran el paisaje llenándolo de color. Compartir una salida familiar en la que podamos recoger flores y llevarlas a nuestro hogar es un plan perfecto para disfrutar del campo mientras aprendemos. ¿Cuál es el nombre de la flor que hemos cogido? ¿A qué huele? ¿Qué textura o color tiene? Después podemos poner a secar las que más nos gusten entre las páginas de una libreta para colgarla en un cuadro o hacer un punto de libro. ¡Hay tantas cosas que hacer!

(241) Bandeja de arena

❄ ✿ ☀ 🍁 + 3 años

🕐 5 minutos

Vamos a dar rienda suelta a nuestra imaginación a través de una bandeja llena de arena donde dibujar y montar escenas. En un recipiente con separadores pondremos diferentes elementos de la naturaleza como flores, piñas, palos piedras u hojas. Una vez tengamos todos los materiales expuestos en un mismo lugar, ¡que empiece el arte en la tierra!

(242) Medir el grosor de un árbol

❄ ✿ ☀ 🍁 + 4 años

🕐 3 minutos

En nuestro kit de naturaleza (actividad 238) no puede faltar un metro, regla o cinta métrica. Apenas ocupa espacio y nos va a dar mucha información sobre aquello que queramos observar. Por ejemplo, el grosor de un árbol. ¿Cuál es el perímetro de este árbol? ¿Cuántos años tendrá? ¿Será centenario? ¿Y ese otro? ¿Y aquel? Es tan grande que tendremos que medirlo entre varios. ¡Los brazos de una sola persona no son suficientes!

(244) Crear mandalas de piedras

❄ ✿ ☀ 🍁 + 3 años

🕐 20 minutos

Cultivar y ver crecer los frutos de lo que plantamos lleva su proceso; las semillas no crecen "aquí y ahora" y necesitan cuidado y paciencia. En este caso la única forma de que una semilla brote es cuidarla: plantar, regar y resolver problemas que puedan surgirnos. Unida toda la familia podemos resolver las preguntas a medida que vamos viviendo el proceso.

(243) Contar los anillos en la madera

❄ ✿ ☀ 🍁 + 5/6 años

🕐 1 hora

Los surcos, las líneas, las manchas, las arrugas. Encontramos en la vida signos que nos hablan de la edad de un ser vivo. Así ocurre con los árboles y su ciclo vital. Nacen de una semilla, crecen, maduran y, en algún momento, mueren. A través de los anillos de una rama caída o de un tocón podemos leer su vida, su pasado, cuánto tiempo ha vivido, cuándo nació, cómo se desarrolló. El primer año de crecimiento lo encontramos en el centro del árbol. En las estaciones húmedas, los anillos son más claros y gruesos, mientras en las estaciones secas la corteza crece más dura y seca, para protegerse. Así, podemos decir que cada anillo oscuro es un año que ha vivido ese árbol.

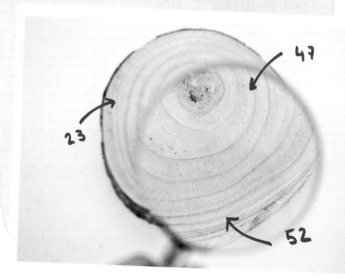

CURIOSIDAD

La palabra "mandala" viene del sánscrito y signifinica "círculo sagrado".

245 Correr por la orilla de la playa

✳ ❀ ☀ 🍁 + 2 años

🕐 10 minutos

Las olas del mar, la brisa, el olor a salitre, el horizonte infinito... un marco incomparable para compartir junto a las personas que queremos. Un paisaje como éste puede ser la mejor definición de libertad. Si tenemos oportunidad, corramos por la playa. ¡Vivamos del momento! Es una actividad sencilla y muy gratificante con la que pasar tiempo en familia.

246 Recoger castañas

🍁 + 2/3 años

🕐 30 minutos

Ir a pasear por un bosque en otoño puede proporcionarnos momentos maravillosos. Podemos preparar todo el kit para ir a pasar una mañana o una tarde recogiendo castañas. Guantes, una cestita de mimbre y unas pinzas largas. Después, con todas las castañas que recojamos, podemos hacer una receta en familia. ¡Asadas al horno o al carbón están buenísimas!

247 Pintar la forma del tronco de un árbol

✳ ❀ ☀ 🍁 + 4 años

🕐 5 minutos

La naturaleza tiene diversidad de texturas y, a veces, éstas se pueden plasmar en un folio. En el caso de los árboles, sus troncos tienen una forma y una textura únicas. Si ponemos un papel sobre el tronco y pasamos una cera veremos cómo queda la marca del tronco en nuestra hoja de papel.

(248) Coger un bicho para observarlo

❄️ 🌼 ☀️ 🍁 **+1 años**

🕐 5 minutos

En la naturaleza hay una gran variedad de insectos. Podemos observarlos, fijarnos en sus movimientos, ver dónde se dirigen y qué hacen. Si queremos investigarlos de cerca podemos cogerlos con delicadeza, examinar aquello que nos ha llamado la atención y volverlos a dejar en su lugar.

(249) Atrapasueños

❄️ 🌼 ☀️ 🍁 **+2 años**

🕐 20 minutos

Los atrapasueños son tradicionales de algunas tribus norte americanas. Normalmente están adornados con plumas y cuentas, se cuelgan en las habitaciones y, en la cultura popular, se les atribuye la capacidad de filtrar los sueños y permitir que sólo los buenos lleguen a quien los usa.

Vamos a crear el nuestro de una manera original. Una rodaja de tronco, lana, una hembrilla y adornos naturales. La rodaja de tronco será el soporte. En la parte superior colocaremos una hembrilla. A continuación, en los extremos de cada hilo pondremos un adorno diferente (plumas, hojas, piñas, palos, etc). Finalmente, los engancharemos a la hembrilla que también servirá para colocar una cuerda para poder colgarlo. Si queremos que los hilos de lana permanezcan separados unos de otros, podemos ayudarnos de cinta adhesiva o grapas.

(250) Observar conchas marinas

❄️ 🌼 ☀️ 🍁 **+18 meses**

🕐 25 minutos

Una de las actividades más relajantes que podemos hacer es pasear cerca del mar. Esos paseos nos regalan paisajes en los que fijarnos, momentos para escuchar el ruido de las olas. También nos dan la posibilidad de encontrar conchas marinas y observarlas, ver qué forma tienen, llevárnoslas al oído y preguntarnos cómo han llegado y dónde se las llevará el mar.

CURIOSIDAD

Si estamos tentados de coger una concha del mar debemos tener en cuenta que otros animales las necesitan para sobrevivir. Coger conchas de la playa tiene consecuencias en el entorno, pues hace descender considerablemente la población marina.

(251) Embarrarse

☀ + 1 año

🕐 20 minutos

Que el barro ensucia es algo que no se puede negar, pero, como embarrarse de vez en cuando es divertidísimo, ¿por qué no hacerlo, bien, en una piscina de barro? Revolcarse en el lodo, ponerse pegotes en el pelo, en el brazo, andar a gatas o tumbarse boca arriba. ¡Las risas y la diversión están garantizadas!

(252) Plantar un árbol

❄ ✿ ☀ 🍁 + 2 años

🕐 10 minutos

Los árboles tienen una conexión mágica con la naturaleza a través de sus raíces. Son vida, nos dan vida: sin ellos no existiríamos. Plantar una semilla o un retoño, regarla, cuidarla y verla crecer es maravilloso para entender el paso del tiempo.

(253) Rodar por el césped

✿ + 2 años

🕐 10 minutos

Todas las personas adultas un día fuimos niñas y niños y, precisamente por eso, podemos seguir sintiendo la importancia de jugar. Rodar por el césped sin pensar si nos manchamos, quedarnos ahí sobre la hierba verde mientras el sol nos da en la cara. Las personas que estamos rodeadas de infancia tenemos un tesoro maravilloso, pues nos invitan a jugar cada día. ¡No desaprovechemos el momento! ¡Rodemos y disfrutemos!

(254) Hacer un pastel de nieve

❄ + 2 años

🕐 5 minutos

Está claro que los mejores pasteles son los de chocolate; pero es que hacer pasteles en la nieve es mucho más gracioso. Sobre todo si lo hacemos monumental, de nuestra misma altura, y lo decoramos y disfrazamos con cosas que encontremos en la naturaleza: ramas, piedras, palitos, hojas... ¡Inspiración al poder!

(255) Hacer una cabaña bajo un árbol

❄ ✿ ☀ 🍁 + 4 años

🕐 30 minutos

Un espacio secreto, un lugar donde esconderse, una guarida. ¿Quién no ha tenido un sitio favorito en el que estar? La niñez necesita de ese cobijo, de esa experiencia, de ese lugar para soñar. Sólo hace falta dejar volar la imaginación y fijarse en todas las cosas buenas que la naturaleza nos brinda: palos, ramas, hojas... Materiales perfectos para ese espacio de descanso.

(256) Abrazar un árbol

❄ ✿ ☀ 🍁 + 1 año

🕐 2 minutos

¿Habéis cerrado alguna vez los ojos y abrazado un árbol? Son rugosos, duros y silenciosos. Están vivos y conectados a la naturaleza que los rodea. En los bosques hay millones de árboles únicos y especiales. Abrazar uno ayuda a entender lo gigantesca que es la vida.

257 Excursión nocturna para ver las estrellas

❀ ☀ + 3 años

🕐 1 hora

Ver las estrellas es siempre un buen momento para desconectar, mirar el cielo y dejar nuestros pensamientos libres. Si podemos escaparnos una noche a la montaña lejos de los ruidos y contaminación lumínica, ¡hagámoslo! Ver las estrellas en el firmamento es un regalo de la vida.

Podéis encontrar una guía de las constelaciones más importantes en **www.aprendiendoconmontessori.com**.

258 Limpieza en la playa/bosque

❄ ❀ ☀ 🍁 + 2/3 años

🕐 25 minutos

El bosque y la playa son lugares llenos de paisajes preciosos que no siempre hemos sabido cuidar como deberíamos, aunque es muy sencillo. Hay muchas maneras de poner nuestro grano de arena para ayudar a mantenerlos más limpios, como dedicar un día a recoger los desperdicios, y contribuir así a dejar limpio el entorno.

259 Dibujar en la arena

❄ ❀ ☀ 🍁 + 1 año

🕐 10 minutos

La arena puede ser un lienzo hermoso en el que escribir mensajes o hacer dibujos. Un palo, una piedra o nuestras manos y pies son herramientas magníficas. La arena es un cuadro efímero en el que dejar secretos, confesiones, palabras de esperanza, deseos...

(260) Soplar dientes de león

✿ + 14 meses

🕐 5 segundos

Muchas veces consideramos que el diente de león es
una mala hierba y, como suele estar en muchos lugares,
las personas adultas no les damos importancia. En cambio, cuando una niña o un niño van paseando y ven un
diente de león, se detienen, lo observan, lo despeluchan,
lo soplan; en definitiva, lo exploran. Y es que la infancia
es muy sabia y las personas adultas debemos ponernos
a su altura, observarles, aprender y ser cómplices de
estos momentos tan especiales.

CURIOSIDAD

Los pelos plumosos del diente de león
reciben el nombre de "vilanos".

(261) Historias contadas con piedras

❄ ✿ ☀ 🍂 + 2/3 años

🕐 20 minutos

¿Quién dijo que las buenas historias sólo se escriben
sobre papel? Igual que existen obras de teatro, o
cuentacuentos, también podemos crear historias,
¡sobre las piedras! Podemos pintarlas y dibujar
encima de ellas y en cada una reproducir un objeto,
un animal o una persona hasta tener todos los
elementos de nuestra historia. Así nos quedarán para
siempre estas pequeñas obras de arte que, además,
podremos reutilizar.

(262) Cómo respira una planta

❄ ✿ ☀ 🍂 + 6 años

🕐 30 minutos

Las plantas, como muchos seres vivos, necesitan respirar para vivir y podemos comprobarlo realizando el siguiente experimento: cogemos una planta de nuestra casa y envolvemos algunas de sus hojas en una bolsa de plástico. La dejamos unas horas hasta que veamos que en la bolsa hay gotitas de agua. Esta agua se produce porque, al respirar, la planta absorbe oxígeno y expulsa dióxido de carbono y vapor de agua; ésta es la señal que nos indica que la planta respira y que, por tanto, está viva.

MATERIALES

- Bolsa de plástico pequeña
- Planta

CURIOSIDAD

Las plantas no sólo respiran por las hojas, sino también por otras aberturas en la corteza de los tallos, llamadas "lenticelas", y por las raíces.

263) vela natural

❄ ✾ ☀ 🍁 + 4/5 años

🕐 15 minutos

¿Qué cómo podemos crear una vela natural?
¡Es muy sencillo! Y lo mejor, es que seguro que
tenemos los dos únicos ingredientes necesarios
en nuestra casa para hacerla: un plátano pelado y
cortado por la mitad y una nuez. Metemos la nuez
en el plátano dejando salir un trocito, encendemos
la nuez y ¡se hizo la luz!

264) ¿Qué tocas?

❄ ✾ ☀ 🍁 + 4/5 años

🕐 15 minutos

A veces vamos paseando sin prestar atención a lo
que nos rodea. A través de los sentidos podemos
percibir aquello que nos vamos encontrando en el
camino. Una buena manera de concentrarnos en
cada elemento es mediante un sistema muy sencillo:
vendarnos los ojos y descubrir, sin el sentido de la
vista, cómo es un tronco, una flor o una piedra. ¡La
naturaleza está llena de cosas por descubrir!

265) Enterrar los pies en la arena de la playa

☀ + 1 año

🕐 5 minutos

En la playa se pueden realizar cantidad de actividades que nos conec-
tan con ella. Enterrarse o taparse los pies bajo la arena es una de ellas.
Podemos notar si la arena está húmeda, caliente y si es fina o gruesa.
¿Qué sensación nos da sumergir los pies en la arena?

266 Tirarse en trineo

❄ + 4/5 años

🕐 10 minutos

Con cada estación llegan experiencias distintas, y una de las que nos trae el invierno es la nieve. Una escapada al lugar nevado más cercano siempre es una buena idea para disfrutar de estos momentos únicos del año, y podemos hacerlo todavía más divertido ¡tirándonos en trineo!

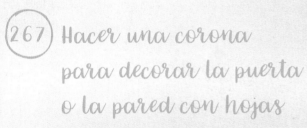

268 Observar piedras

❄ ✿ ☀ 🍂 + 2 años

🕐 10 minutos

Las piedras nos pueden proporcionar un sinfín de actividades. Además, mientras miramos piedras, podemos observar qué forma tienen, de qué color son, cuánto pesan, cuál pesa más, cuál menos, qué tacto tienen...

267 Hacer una corona para decorar la puerta o la pared con hojas

❄ ✿ ☀ 🍂 + 2/3 años

🕐 15/20 minutos

Para esta actividad necesitamos cartón, pegamento, lana, flores, hojas, frutos, etc. Recortamos un círculo en el cartón. Alrededor del círculo colocamos el pegamento para enganchar los elementos naturales alrededor. Una vez terminada la corona, cortamos un trozo de lana o cordel y la colocamos para poder colgarla en el lugar que más nos guste.

269) Crear un camino sensorial

✿ ☀ 🍁 **+ 18 meses**

🕐 **30 minutos**

Para crear un camino sensorial en la naturaleza podemos empezar limpiando esa zona, o acotándola con palos, y hacer secciones o trozos. En cada espacio, podemos utilizar unos materiales diferentes: en uno puede haber hojas secas en el suelo, en otro troncos, en otro piedras, arena… La idea es que podamos descalzarnos e ir haciendo el circuito y sentir a través de nuestros pies cada elemento ¡es una experiencia inigualable!

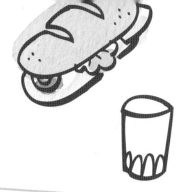

270) Hacer un pícnic

❄ ✿ ☀ 🍁 **+ 2 años**

🕐 **20 minutos**

Un mantel, una cesta, una receta hecha en casa con cariño y un lugar en el que poder disfrutar de estos manjares. Un lugar donde conectar con la naturaleza, donde la banda sonora de nuestra comida sea el canto de los pájaros, del aire rozando las hojas de los árboles, la brisa del mar, del silencio… y las risas, ¡es todo lo que necesitamos!

271) Crear un muñeco de nieve

❄ **+ 2 años**

🕐 **20 minutos**

¿Quién no ha hecho nunca un muñeco de nieve o, por lo menos, lo ha intentado? Otra de las cosas que podemos hacer si vamos a la nieve es llevarnos los elementos necesarios para crear nuestro propio muñeco: una zanahoria para la nariz, dos castañas para los ojos, palos de madera para el pelo y hojas para la bufanda. Si llevamos materiales que no son orgánicos, tendremos que llevárnoslos con nosotros para que nuestro impacto en la naturaleza sea el menor posible.

272 Visitar una reserva natural de animales y plantas

❄ ❀ ☀ 🍁 + 2 años

🕐 1 hora

Las reservas son lugares protegidos por los seres humanos con la intención de preservar una especie o ecosistema que merecen más atención por su situación. Visitar estos lugares nos enseña cómo son ciertas especies de animales y plantas que, de otra manera, no podríamos conocer, y la importancia de cuidar nuestro entorno.

273 Pintar en la nieve

❄ + 4/5 años

🕐 10 minutos

¿Vamos a pintar la nieve? ¡Sí! Pero lo haremos con una pintura cien por cien natural. Para esta actividad utilizaremos un contenedor para llevar la pintura hecha en casa hasta el lugar que encontremos con nieve. Para preparar la pintura usaremos fécula de maíz, diferentes colorantes alimentarios y agua. Una vez mezclados todos los ingredientes, se obtiene una mezcla espesa con la que pintar: ¡la nieve será un fantástico lienzo!

274 Visitar una granja

❄ ❀ ☀ 🍁 + 1 año

🕐 20 minutos

Las granjas nos proporcionan la posibilidad de estar en contacto con vacas, caballos, gallos, gallinas, cabras y muchos otros animales a los cuales podemos acompañar, observar, respetar y cuidar. Las granjas nos ofrecen, entre otras cosas, fomentar nuestra autonomía y responsabilidad.

Plumeros naturales

❄ ✿ ☀ 🍁 **+ 2 años**

🕐 10 minutos

¿Hay algo más bonito que los plumeros naturales? Para hacernos cosquillas, un masaje, limpiar... Bastarán unos palos, plumas, hojas o flores y cinta para pegar. Cogemos un montoncito de plumas o hojas y las colocamos en un extremo del palo. Con la cinta pegamos estas plumas al extremo del palo y ¡listo!

CURIOSIDAD

A través del plumero se adhieren rápidamente las partículas de polvo o las pelusillas. Esto es porque tienen la capacidad de ser atraídas por la electricidad estática.

MATERIALES

o Palos

o Plumas

o Hojas

o Flores

o Cinta adhesiva

276 Hacer un ambientador con naranja y clavos

❄ ✹ ☀ 🍁 + 3 años

🕐 20 minutos

Podemos crear un ambientador para nuestra casa, un armario, el baño o la cocina. Con algo tan sencillo como naranjas y clavos de olor. Sí, la especia. La idea consiste en clavarlos en la naranja haciendo formas originales y dibujos. Además de decorar, tendremos un ambientador natural y respetuoso con el medio ambiente.

277 ¿Hace viento?

❄ ✹ ☀ 🍁 + 2 años

🕐 5 minutos

Para saber si el viento sopla podemos colocar cintas en las ramas de los árboles y observar si se mueven y hacía dónde lo hacen. Si queremos darle un toque especial, podemos coger telas con colores, texturas y medidas diferentes, y colgarlas mezcladas. Cuando sople el viento ¡será un auténtico arcoíris!

278 Jabón de baño

❄ ✹ ☀ 🍁 + 4/5 años

🕐 4 horas

Lo primero que tenemos que decidir es qué forma queremos que tenga nuestro jabón y escoger un molde bonito. Después apuntamos los ingredientes que vamos a necesitar: dos tazas pequeñas de manteca de karité, flores y hierbas (mejor secas), aceite de esencias (el que más nos guste) y manteca de cacao. Metemos la manteca de cacao y la de karité en una olla a fuego lento, mezclándolas hasta que se hayan derretido. Cuando estén derretidas, las retiramos del fuego y colocamos las hierbas o flores secas que hayamos cogido, lo mezclamos todo y finalizamos el proceso con unas gotitas de aceite de esencia. Metemos la mezcla en el molde y ¡a la nevera! Una vez pasadas 4 horas, podemos retirarlo con cuidado del molde, y ya tenemos el jabón hecho con nuestras propias manos.

(279) Días de barro y lluvia

❄ ✤ ☀ 🍁 + 1 año

🕐 15 minutos

¿Por qué los días de lluvia tienen que ser tristes? ¡Podemos darle la vuelta! Normalmente esos días nos encerramos en casa y no disfrutamos de las experiencias que nos puede traer la lluvia. Tan sólo tenemos que equiparnos con unas buenas botas, un chubasquero y ¡listo! ¡Ya podemos chapotear, embarrarnos y saltar sin parar!

(280) Palos de lana

❄ ✤ ☀ 🍁 + 4 años

🕐 15 minutos

Aprovechemos algún paseo que hagamos por la naturaleza para recoger palos para esta actividad, en la que también necesitaremos lana. La idea es ir enrollando la lana alrededor del palo. Podemos ir alternando diferentes colores. Una vez terminado, nuestro palo de lana tendrá un montón de utilidades: una varita mágica, unas baquetas de batería, un detalle decorativo...

(281) Erizos de piña

❄ ✤ ☀ 🍁 + 2 años

🕐 10 minutos

Lo que necesitamos para crear nuestros erizos son piñas de pino, arcilla y piedras pequeñas. Colocamos la arcilla en forma de cono sobre un extremo de la piña, introducimos dos piedras a modo de ojos sobre la arcilla, en el centro del cono, otra piedra para crear la nariz y ¡listo!: ya tenemos el erizo.

(282) Respira, reconecta

❄ ✿ ☀ 🍁 + 2 años

🕐 15 minutos

Respiramos de manera inconsciente, pero pocas veces nos paramos a respirar sintiendo el momento presente. Cerrar los ojos y prestar atención a los sonidos que nos rodean alejados de toda civilización. A veces hace falta desconectar para reconectar con lo esencial.

(283) Texturas naturales

❄ ✿ ☀ 🍁 + 3/4 años

🕐 5 minutos

La naturaleza nos brinda diferentes formas y texturas en las que no siempre nos fijamos. Una idea muy sencilla para explorar y curiosear la naturaleza es coger un poco de arcilla y presionar elementos naturales sobre la arcilla. Podremos observar qué formas y texturas se crean y así conocerlos mejor.

(284) Hacer un castillo de arena

☀ + 18 meses

🕐 15 minutos

Los veranos en la playa pueden convertirse en un magnífico momento para compartir. A las niñas y niños les encanta construir con la arena, podemos unirnos y crear toda la familia un gran castillo de arena. ¿Se mantendrá intacto sin caerse?

(285) Telar con elementos naturales

❄ ✿ ☀ 🍁 + 4/5 años

🕐 15 minutos

Para esta actividad usaremos un trozo de cartón, lana y tijeras. Realizamos cortes pequeños paralelos en el trozo de cartón en todos sus laterales. Los de arriba deben coincidir con los de abajo y los del lado derecho, con el izquierdo. Una vez los tenemos, pasamos el hilo de lana a través de estos cortes formando una cuadrícula y... ¡Ya está listo el telar para colocar todos los elementos naturales que nos inspiren!

(286) Ruta de senderismo

❄ ✿ ☀ 🍁 + 4 años

🕐 30 minutos

Podemos planificar en familia una ruta de senderismo, teniendo en cuenta las edades de todas las personas de la familia y, por tanto, las necesidades y dificultades que podamos encontrar al recorrerla. Una vez elegida, pongámonos en marcha y... ¡Disfrutemos de la naturaleza!

(287) Dormir bajo las estrellas

☀ + 6/7 años

🕐 8 horas

Tumbarse boca arriba y ver millones de puntitos luminosos. ¡No hay escenario igual! Toda la belleza de un trocito minúsculo del universo sobre nuestras cabezas. Observar, intentar tocar con los dedos, unir estrellas formando constelaciones, contar historias... ¡y disfrutar del cielo!

(288) Ojo de dios Huichol

❄ ✾ ☀ 🍁 + 4 años

🕐 25 minutos

Para esta manualidad necesitamos lana de diferentes colores y dos palos.

Unimos los palos con un trozo de lana colocándolos en paralelo y dándoles una vuelta. Después colocamos los palos en cruz y con la misma lana vamos dando vueltas alrededor de los palos en las direcciones que queramos, la idea es que quede bien sujeto el soporte para comenzar el ojo de dios. Una vez que ya está bien sujeto comenzamos a dar vueltas de la siguiente manera:

Pasamos la lana desde la parte de arriba hacia la parte de atrás del palo (dándole la vuelta al palo). Cuando ya le hemos dado la vuelta, lo llevamos al siguiente palo y hacemos lo mismo: damos una vuelta al palo y nos vamos al siguiente palo. Si queremos cambiar de color damos una vuelta más en el palo donde estamos y llevamos la lana a la parte de atrás de lo que es el cuerpo y anudamos, intentando que el nudo quede en la parte de atrás para que no se vea. A ese color de lana unimos el otro color que queramos poner y así sucesivamente. Podemos añadir tantos colores como nos apetezca y parar en el momento que queramos.

⸫ CURIOSIDAD ⸫

Es un elemento originario de los pueblos del su-doeste de Norteamérica, llamados también "Si'kuli". Cuentan que llevan haciéndolos más de dos mil años. Originalmente se realizaban como símbolo de protección en los nacimientos y cada año que se cumple es una vuelta que se da al "ojo de Dios". La historia sobre esta artesanía es muchísimo más larga e interesante y seguro que a nuestras criaturas les encantará conocerla a nuestro lado.

MATERIALES

- Lana de diferentes colores
- Dos palos
- Tijeras

"La paciencia es un árbol de raíz amarga, pero de frutos muy dulces."

Proverbio persa

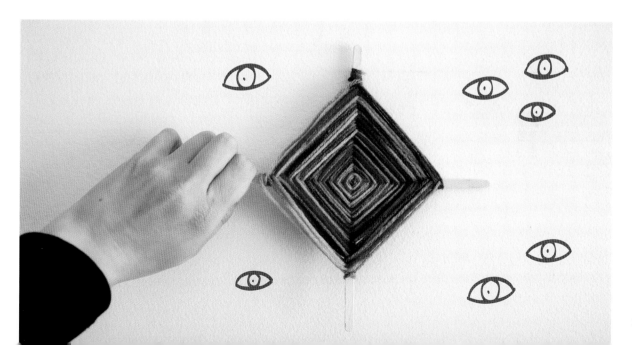

(289) Historias alrededor del fuego

❄ ✿ ☀ 🍁 + 3 años

🕐 20 minutos

El fuego es un elemento magnético, misterioso e hipnótico. A todas las personas nos gusta el fuego, pero atrae especialmente a las niñas y los niños. Reunirnos alrededor de un fuego para mirarlo, observar las llamas o sentarnos a contar relatos es algo que se ha hecho a lo largo de la historia y que siempre ha unido a las personas que compartían ese momento. Ha creado vínculo, armonía y ha traído esa luz y calorcito tan necesarios en las noches más oscuras y frías. El anochecer acostumbra a ser siempre un momento de relax, distendido, donde todo pasa a un segundo plano, y conseguimos poner los pensamientos en perspectiva. También es un momento en el que las emociones afloran, la parte más espiritual de cada persona se abre y se conecta con el momento. ¡Es toda una experiencia para vivir y compartir!

(290) Pinceles con palos y elementos naturales

❄ ✿ ☀ 🍁 + 4/5 años

🕐 15/20 minutos

La naturaleza nos ofrece elementos que podemos utilizar para dar rienda suelta a nuestra creatividad. Para esta actividad recogeremos palos, flores y diferentes variedades de hojas que encontremos en algún paseo o excursión que hagamos. Ah, sí, y cuerda. Colocamos en un extremo del palo las hojas y las sujetamos con la cuerda, dándole las vueltas necesarias hasta que estén bien cogidas. Después sólo queda coger pintura y crear.

(291) Dibujar caras en las hojas

🍁 + 18 meses

🕐 5 minutos

En esta actividad, las hojas que recojamos del suelo sirven de papel o lienzo en el que pintar. Con rotulador dibujamos la boca, la nariz, los ojos y cualquier otra cosa que tengan las caras. ¡Inspirémonos mirando a quien tenemos al lado!

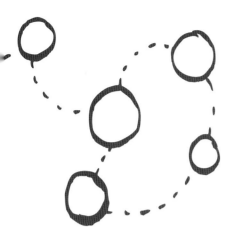

292 Encuentra el árbol

✿ ☀ + 4/5 años

🕐 20/25 minutos

¿En qué consiste esta actividad? Es muy sencillo: por turnos, con los ojos tapados, debemos buscar un árbol. Una vez lo encontremos lo exploramos, lo tocamos, lo abrazamos, lo olemos...

293 Crear números con piedras

❄ ✿ ☀ 🍁 + 4/5 años

🕐 25/30 minutos

Hay muchas actividades que se pueden hacer con piedras, y una de ellas es pintar números en las piedras. Necesitamos piedras y témperas o pintura acrílica. También hay rotuladores con base de aceite para pintar cristal que pueden servir. Lo primero que tenemos que hacer es limpiar las piedras. Una vez que están secas, podemos dibujar con lápiz el número y, después, repasamos con la pintura esos trazos. Con estas piedras podemos hacer sumas, jugar a las compras, hacer acertijos...

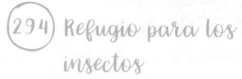

294 Refugio para los insectos

❄ ✿ ☀ 🍁 + 5/6 años

🕐 30 minutos

¿Quién dijo que no podemos ser hospitalarios con los insectos? Les podemos preparar su propia casa en un hábitat que sea agradable para ellos. Para hacerlo nos serviremos de una maceta, palos de todos los tamaños y grosores que encontremos, piñas, cañas de bambú, trozos de madera, paja, hojas... Sí, casi cualquier cosa que encontremos servirá. Lo colocamos todo dentro de la maceta en un huerto o campo que tengamos cerca de casa. Los insectos en los huertos pueden ser beneficiosos contra algunas plagas o ayudar a la polinización de las flores. Tijeretas, mariquitas, abejas, escarabajos... Dependiendo del material que coloquemos atraeremos unos insectos u otros.

295) ver atardecer

❄ ❀ ☀ 🍁 + 1 año

🕐 15 minutos

A través de esta actividad hacemos que las niñas y niños sean más conscientes de cuándo termina el ciclo de un día. No hay mejor manera de calcular el tiempo que a través del cielo; el reloj de la naturaleza nos indica que anochece y nos proporciona de manera concreta y física el momento en el que se da fin a ese día. ¡No nos podemos perder ese acontecimiento!

296) Figuras con barro y elementos naturales

❀ ☀ + 2 años

🕐 15 minutos

Con la tierra que encontramos en la naturaleza y elementos naturales podemos crear figuras con barro. Tan sólo un poco de agua para mezclarla con la tierra y así obtenemos barro con el que podremos modelar. Una actividad genial con la que va a disfrutar toda la familia.

297) Coser pétalos de flores y hojas para hacer collares

❀ + 4/5 años

🕐 15/ 20 minutos

Para esta actividad es necesario recolectar diferentes tipos de hojas y pétalos. Una vez más, podemos aprovechar un paseo por el campo para recoger las que más nos gusten. Después cogemos aguja e hilo y ensartamos las hojas o pétalos a través del hilo. Podemos hacerlo tan largo como queramos y crear una guirnalda para decorar nuestra casa.

(298) Doblar el agua

❄ 🌼 ☀ 🍁 + 4/5 años

🕐 10 minutos

¿Que cómo se dobla el agua? ¡Pues muy sencillo! Necesitamos, cómo no, agua, y también un globo y una toalla. El agua debe salir a chorro y, si encontramos, una fuente natural podemos aprovecharla. Debemos frotar el globo con la toalla unas cuantas veces, después acercamos cuidadosamente el globo al agua y ¿qué ha pasado? ¡Tendremos que probarlo para saberlo!

Pista: electromagnetismo.

(300) Pigmentos naturales

❄ 🌼 ☀ 🍁 + 2 años

🕐 20/25 minutos

¿Os imagináis crear colores a partir de elementos naturales? ¡Podemos hacerlo! Sólo hace falta utilizar diferentes especias para crear colores. Para ello colocamos pintura blanca en distintos recipientes, añadimos en cada uno una especia y removemos hasta que la mezcla sea homogénea y se vea el color. Podemos probar, por ejemplo, con romero molido, pimentón, cúrcuma, canela, cacao. Con eso ya tendremos listas las pinturas para dar rienda suelta a nuestro espíritu artístico. ¡Pequeño consejo!: los tonos tierra quedan preciosos.

(299) Ver amanecer

❄ 🌼 ☀ 🍁 + 4/5 años

🕐 15 minutos

¡Cuánto cuesta madrugar! Y más cuando nuestras rutinas son muy marcadas. Tal vez un día podamos disfrutar en familia de despertarnos de noche para ver cómo salen los primeros rayos de sol. ¡Todo un espectáculo!

(301) Biodegradación

  + 4/5 años

  1 semana

Cuidar y respetar el medio ambiente es muy importante. Y practicarlo a nivel familiar es muy recomendable. Una idea genial es ver en familia cómo funciona el reciclaje y el compostaje, realizando un experimento acerca de lo que puede suceder con diferentes materiales en este proceso.

Para esta actividad necesitamos macetas pequeñas biodegradables y distintos materiales que podemos utilizar en la vida diaria. Colocamos en cada maceta un material, ya sean envases, material orgánico o cualquier elemento que podamos reciclar. Luego hay que cavar lo suficiente para que quepa la maceta y podamos enterrarla, con la intención de que esté bajo tierra durante una semana. Para acordarnos del lugar donde la hemos enterrado podemos colocar palos que lo señalicen. La intención es que transcurrida una semana al desenterrar las macetas podamos observar cómo algunos materiales se han biodegradado y otros, en cambio, permanecen intactos.

También podemos investigar los años que harían falta para degradar cada material que vemos que ha permanecido intacto bajo tierra. Por otra parte, podemos observar cómo las lombrices ayudan a que el material orgánico se convierta en abono y también buscar información sobre ello.

Podéis encontrar una lámina de lo que tardan en degradarse ciertas cosas en **www.aprendiendoconmontessori.com**.

MATERIALES

- Macetas pequeñas biodegradables
- Diferentes materiales de deshechos: plástico, orgánico, cristal, cartón

"Cuando el último árbol sea cortado, el último río envenenado, el último pez pescado, sólo entonces el ser humano descubrirá que el dinero no se come."

Proverbio de la tribu Cree (nativos americanos)

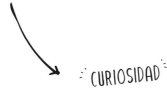

CURIOSIDAD

Con los desechos orgánicos podemos crear un tipo de tierra llamado "Compost" que es muy nutritivo para las plantas.

302 Observar renacuajos en una charca

✿ + 2 años

🕐 15 minutos

¿Quién no ha pasado grandes momentos de la infancia simplemente mirando renacuajos en una charca en el campo? Parece una acción muy sencilla, pero es muy agradable parar, mirarlos, observar cómo de repente un día tienen cola y otro, patitas. Estos momentos son los que recordamos cuando crecemos.

303 Disfrutar de un arcoíris

❄ ✿ ☀ 🍁 + 4/5 años

🕐 15 minutos

No es fácil ver un arcoíris todos los días, a veces es cuestión de suerte, pues la mayor parte del tiempo no se cumplen las circunstancias adecuadas. Sin embargo, tras una lluvia siempre se puede esconder ese momento mágico en el que podamos echar la vista al cielo y sorprendernos. Además, el arcoíris nos recuerda que después de la lluvia siempre vuelve el sol.

304 Cartulina negra para ver las telarañas

❄ ✿ ☀ 🍁 + 2 años

🕐 20 minutos

Las telarañas no siempre son fáciles de ver. A veces a contraluz conseguimos verlas mejor, pero los detalles son más difíciles. ¿Cómo podemos hacerlo? A través de una cartulina negra, cinta adhesiva y un palo. Cogemos la cartulina negra y le hacemos un círculo. Pegamos el palo a la cartulina con la cinta adhesiva y ¡lista nuestra lupa de ver telarañas! ¡Ahora sólo falta buscarlas!

305 Dibujando la sombra de un árbol

❁ ☀ + 4 años

🕐 5 minutos

En esta actividad, dibujar significa crear el contorno de la sombra del árbol. ¿Con qué podemos hacerlo? Existen un montón de materiales naturales, como piedras, palos, plantas, flores que veamos que están por el suelo de la montaña y que pueden servirnos para diseñar la silueta.

306 Crear un cuadro con barro de diferentes tonalidades

❄ ❁ ☀ 🍂 + 1 año

🕐 20 minutos

Lo primero que necesitamos es un lienzo, pinceles y tierra. Podemos aprovechar para hacer una excursión a la montaña o la playa y recoger diferentes tipos de tierra. Con recipientes y una pala podemos recogerla y transportarla hasta casa. Luego tan sólo hace falta mezclarla con agua y probar. ¿Cómo pinta la arena de la playa? ¿Y la de la montaña? ¿son iguales? ¡Experimentemos con los pigmentos naturales!

307 Hacer un perfume de lavanda

❁ + 4 años

🕐 20 minutos

Hacer perfume es una actividad muy divertida. Con lavanda, tijeras, agua destilada, un pequeño embudo, mortero, pequeños botecitos y alcohol podemos hacerlo. Cortamos la lavanda y la colocamos en el mortero, la picamos un poquito e introducimos el agua destilada para seguir machacando. Después colocamos la mezcla del mortero en el bote con la ayuda del embudo y a continuación colocamos el alcohol. Son tres cucharadas de alcohol y una de agua. Después podemos decorar con unas hojitas de lavanda dentro del bote para darle un toque especial y ¡ya tenemos una colonia perfecta para refrescarnos!

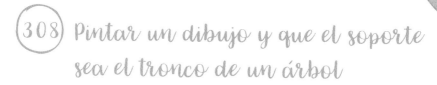

308 Pintar un dibujo y que el soporte sea el tronco de un árbol

☼ + 3 años

🕐 15/20 minutos

Podemos colocar el folio sobre el árbol con celo o cinta adhesiva. El árbol puede ser nuestro atril para inspirarnos con el paisaje de la naturaleza. ¿Habéis probado alguna vez a pintar en plena naturaleza? ¡Es toda una experiencia!

309 Construir un reloj solar

❄ ❀ ☼ 🍁 + 7 años

🕐 1 día

¡Tranquilidad! ¡No necesitamos tener una ingeniería para construir este reloj! Y, lo mejor, funciona con un motor natural: el sol. Sólo tenemos que coger un palo de madera, piedras y, lo más importante, un lugar donde dé el sol sin sombras.

Una vez disponemos de todos los elementos, plantamos el palo hacia arriba. A continuación colocamos una piedra al final de la sombra que proyecta el palo que hemos puesto. A medida que la sombra se vaya desplazando debido al movimiento del sol vamos poniendo una piedra al final de la sombra que se proyecte en el suelo. Así hasta que el sol se ponga. Cuando volvamos a la mañana siguiente haremos lo mismo hasta que la sombra llegue a la primera piedra que pusimos el día anterior. Una vez tengamos todas las piedras en el suelo podemos marcarlas con una tiza para poder seguir utilizando nuestro reloj tanto como haga falta. ¿Qué hora es?

310 Jugar en los charcos de la lluvia con juguetes acuáticos

❄ ❀ ☼ 🍁 + 2 años

🕐 15 minutos

Ésta es una buena ocasión para disfrutar de la parte buena de las cosas. La lluvia puede parecernos aburrida, pero ¿quién dijo que tenemos que quedarnos en casa? ¡Podemos salir a pasarlo bien bajo el agua! Y lo mejor son los charcos que deja después. Son una buena ocasión para sacar todos los juguetes de agua que tengamos en casa. Podemos aprovechar ese momento que la naturaleza nos brinda y jugar con charcos llenos de agua y barro.

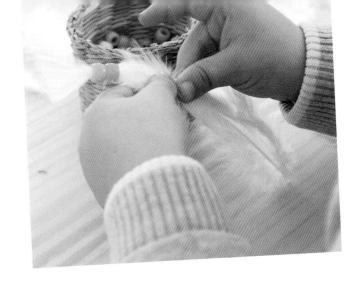

311 Ensartar plumas en abalorios

❄ ✿ ☀ 🍁 + 2 años

🕐 15 minutos

Seguro que más de una vez nos hemos encontrado plumas. Para esta actividad, cuando veamos alguna, podemos cogerla y llenarla de abalorios ensartando la espina de la pluma a través de los agujeritos. ¡Una forma original de decorarlas!

312 Buscar los primeros indicios de la primavera

❄ ✿ + 4/5 años

🕐 15 minutos

Cuando poco a poco el invierno va dejando paso a la primavera podemos salir a la montaña a buscar los primeros indicios del cambio de estación. Tal vez una planta que ha empezado a brotar, nieve derritiéndose o quizá las primeras flores empiezan a asomar... ¡Es hora de observar y descubrir!

313 Dibujar en un espejo en la naturaleza

✿ ☀ + 3/4 años

🕐 10 minutos

Ésta es una actividad muy divertida y especial. Es importante llevar un espejo y unas cuantas témperas de colores a cualquier sitio que tenga un poco de naturaleza alrededor. Podemos colocar el espejo sobre el suelo o apoyado en un árbol, observar qué se ve en el espejo e intentar dibujarlo siguiendo las líneas que se reflejan. Podemos hacerlo toda la familia y después mostrar cómo cada persona ha visto la imagen y la ha representado.

(314) Experimento con la clorofila

 ✿ ☀ 🍁 + 3/4 años

🕐 15 minutos

Para esta actividad recolectamos hojas de diferentes colores y las hervimos unos 5 minutos. Mientras tanto, llenamos varios vasitos de alcohol. Una vez haya pasado el tiempo sacamos las hojas del agua con unas pinzas y colocamos cada una en un vasito diferente.

Después podemos comparar las diferencias entre los recipientes, si las hay. Cuanto más rato las dejemos más intenso será su color. ¿Son todos iguales?

MATERIALES

- Hojas de diferentes colores
- Alcohol
- Recipiente
- 3 o 4 vasos pequeños
- Pinzas

CURIOSIDAD

La clorofila ayuda en el proceso de la fotosíntesis de los árboles y plantas, pero no sólo eso, sino que también es la responsable de su color verde. Además, otros seres vivos como las algas también tienen mucha clorofila.

315) Platos con formas

✿ ☀ + 2 años
🕐 10 minutos

Los platos de cartón que nos hayan sobrado de cualquier merienda pueden servir como lupas para centrar nuestra atención en aquello que queremos observar. Recortamos el plato y le colocamos el palo con la ayuda de la cinta adhesiva y ¡lo tenemos!

316) Subir a una bala de paja

✿ ☀ 🍁 + 2 años
🕐 5 minutos

Posiblemente cuando viajamos en coche hayamos visto entre el paisaje balas de paja. ¿Por qué no pararnos un día y explorar una bala de paja? ¡Trepar, subir, sentarse, tocarla, olerla!

317) Brochetas de hojas

✿ ☀ + 4 años
🕐 10 minutos

¿Qué necesitamos? Palos o troncos finos y hojas. Se entierra una parte del palo y la otra se deja al aire en vertical. Después recogemos hojas y vamos pinchándolas unas encima de otras creando una brocheta. ¡Una magnífica obra de arte en plena naturaleza!

318) Equilibrios en troncos caídos

✿ ☼ + 3/4 años

🕐 10 minutos

En nuestros paseos por el bosque o el monte podemos encontrarnos troncos en el suelo. ¿Qué tal si practicamos un poco nuestro equilibrio?

319) ¿Cómo hacer que la manzana no se "oxide" cuando está pelada?

🍁 + 4/5 años

🕐 24 horas

A veces, cuando dejamos una manzana pelada se vuelve de un tono más marrón al cabo de un rato, pero ¿qué podemos hacer para que esto no suceda? ¡Vamos a investigar! Cogemos una manzana cortada en rodajas, distintos recipientes para colocar los trozos, zumo de limón, leche, zumo de naranja y agua. Lo primero que tenemos que hacer es colocar un par de rodajas en cada recipiente. Después ponemos en cada uno un líquido diferente, menos en uno de los recipientes en los que no ponemos nada, que será donde vamos a ver cómo avanza el óxido de la manzana. Al cabo de 24 horas podemos comprobar qué liquido es el más eficaz para conservar la manzana. ¿Cuál será?

320) Pintar en un folio y después dejarlo bajo la lluvia

❄ ✿ ☼ 🍁 + 2/3 años

🕐 10 minutos

Ésta es otra actividad que puede servir para ver el lado bueno de las cosas, ¡que no nos pare la lluvia! Para esta actividad, pintamos con ceras en un folio combinando tantos colores como queramos, y lo dejamos bajo la lluvia. Después sólo tenemos que ver cómo se combinan los colores con el agua y cuál es el resultado.

321 Helados de tierra, flores y hojas

❄ ✿ ☀ 🍁 + 4/5 años

🕐 10 minutos

Conos de helado comestibles, barro, flores y hojas. Hacemos nuestra propia combinación con todos los elementos que vayamos encontrando y queramos usar para nuestro helado. ¡Ya está todo preparado para jugar y crear! ¡No para comer!

322 La bolsa misteriosa

❄ ✿ ☀ 🍁 + 3/4 años

🕐 15/20 minutos

¿Cuántas veces pasamos por un campo lleno de flores sin pararnos a olerlas? ¿Cuántas veces pasamos cerca de un árbol sin tocar su tronco? En esta actividad podemos tomar conciencia de los detalles que nos ofrece la naturaleza. Necesitamos un antifaz y elementos de la naturaleza que meteremos en un saco: piñas, palos, hojas, flores, bellotas, castañas, etc. Después, la persona que lleve el antifaz tiene que meter la mano en el saco, sacar un objeto y adivinar qué es lo que está tocando. ¡Puede utilizar todos sus sentidos menos la vista!

323 Botellas sensoriales de lupa

❄ ✿ ☀ 🍁 + 10 meses

🕐 15/20 minutos

En nuestros paseos por la naturaleza podemos recoger elementos que hayan caído de los árboles o que el aire haya dejado en el suelo. Podemos rellenar varias botellitas con diferentes elementos. En una podemos meter bellotas, en otra una ramita de pino, en otra palos o piedras: ¡lo que queramos! Podemos moverla entonces para hacer ruido, ponerle agua para que haga efecto lupa... y explorar este experimento con todos nuestros sentidos.

324 Saquitos aromáticos

❄ ✿ ☀ 🍂 + 2 años

🕐 15 minutos

Los saquitos aromáticos son perfectos para meter en un cajón y darle un toque de naturaleza a nuestro hogar. Prepararlos es muy sencillo. Romero o lavanda seca, un recipiente, una cuchara y saquitos de tela. Con la cuchara podemos pasar el romero o la lavanda al saquito. Una vez relleno lo cerramos, ¡y listo!

325 Cantar bajo la lluvia

❄ ✿ ☀ 🍂 + 2 años

🕐 10 minutos

La vida ya es demasiado seria para añadirle más drama. Si llueve ¡salimos, cantamos, reímos, bailamos!

326 Deshidratar fruta

❄ ✿ ☀ 🍂 + 3 años

🕐 4 horas

¿Quién dijo que las gominolas no podían ser sanas? ¡Podemos hacer nuestras propias chucherías con fruta! Encendemos el horno a unos 55º y empezamos a cortar todas las frutas que queramos en rodajas: plátano, fresas, naranja, manzana, frambuesa... Colocamos papel de horno sobre la bandeja metálica y añadimos las rodajas de fruta. Introducimos la bandeja en el horno y esperamos entre 4 y 6 horas, y ya tenemos nuestras golosinas caseras listas para endulzar el día.

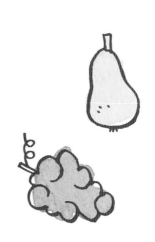

Comedero de pájaros

 + 4/5 años

 15 minutos

Aunque los pájaros comen durante todo el año, en invierno escasea mucho más la comida, así que es más difícil para ellos encontrar alimentos. Podemos preparar un comedero con ingredientes básicos como un trozo de corteza de naranja que nos sobre de un zumo o una ensalada, semillas como avena, pipas o cacahuete y un trozo de cuerda.

Mezclamos todas las semillas en un bol y hacemos cuatro agujeros a la piel de la naranja: dos agujeros en un extremo y otros dos en el extremo opuesto de nuestro "naranjabol" que servirán para pasar la cuerdecita y poder colgarlo. Una vez hecho esto, colocamos dentro la mezcla de semillas y ¡listo para colgar en el exterior!

MATERIALES

- Un trozo de corteza de naranja

- Diferentes tipos de semillas (avena, pipas, cacahuete, pan rallado)

- Un trozo de cuerda

CURIOSIDAD

¿Sabíais que los pollitos cuentan con un diente para poder romper el cascarón? Se trata de un diente de huevo que a los pocos días de nacer se les cae.

PÍO PÍO

PÍO PÍO

(328) Soporte de vela hecho con naranja

❄ ✿ ☀ 🍁 + 4/5 años

🕐 15 minutos

¿Qué hay mejor que un buen olor? Y más si va acompañado de la preciosa luz de una vela. Podemos preparar velas con pieles de naranja como soporte. Sólo tenemos que vaciarlas con una cuchara hasta que nos queden las dos mitades de la piel huecas. Las podemos cortar con la forma que más nos guste, como una estrella, un corazón o una hoja, y encima colocamos nuestra vela.

(329) Hacer tartas de barro en plena lluvia

✿ ☀ + 3/4 años

🕐 10 minutos

Salir un día de lluvia a la montaña o a un lugar con naturaleza que tengamos cerca de casa puede ser un plan genial, sobre todo si las personas adultas retrocedemos en el tiempo y volvemos a nuestro espíritu infantil compartiendo pasteles y tartas de barro con nuestras niñas y niños. ¡Seguro que lo agradecerán! Aprovechemos el momento y disfrutemos también de los olores de esa tierra recién mojada de lluvia.

(330) Pluviómetro con una taza: ¿cuánto llueve en 15 minutos?

❄ ✿ ☀ 🍁 + 2 años

🕐 5 minutos

La lluvia puede traernos aprendizajes. ¿Qué tal si cronometramos cuánto tarda en llenarse una taza o un vaso con el agua que cae del cielo?

(331) Regar el huerto

+ 18 meses

10 minutos

No todas las personas tenemos la posibilidad de tener un huerto, pero tal vez conocemos a alguna persona que sí lo tiene y podemos ayudarle a regar el cultivo mientras aprendemos. Otra opción es visitar algún huerto cercano a nuestra casa cuando vayan a trabajarlo y observar.

(332) Cultivar verduras y frutas de temporada

+ 2 años

20 minutos

Cultivar y ver crecer los frutos de lo que plantamos lleva su proceso; las semillas no crecen "aquí y ahora" y necesitan cuidado y paciencia. Tras plantarla hay que abonarla, regarla con regularidad y arreglar contratiempos que puedan surgirnos. Unida toda la familia podemos resolver las preguntas a medida que surjan. Lo más interesante es vivir el proceso.

Podéis encontrar un calendario de frutas y verduras de temporada en **www.aprendiendoconmontessori.com**

(333) Recoger la cosecha

+ 2 años

15 minutos

Después del proceso que implica cultivar las plantas, llega la hora de recoger los frutos de nuestro esfuerzo. Vemos por fin el resultado y eso es sin duda una alegría. Recoger los frutos con cuidado y preparar una comida con ellos en familia es una experiencia inolvidable. Comer algo que hemos cultivado con nuestras propias manos es una sensación única.

334 Descubrir 6 tesoros que nos regala la naturaleza y guardarlos en una huevera

 + 2 años

🕐 15/20 minutos

Para esta actividad tan sólo nos hace falta una huevera de cartón. Podemos ponerle un cartel que le dé importancia a todo lo que va a contener. ¡Seis originales tesoros de la naturaleza!

335 Buscar objetos de la naturaleza con un color determinado

❄ ✿ ☀ 🍁 + 18 meses

🕐 15 minutos

Podemos plantearnos retos cuando vamos a la naturaleza que nos hagan fijarnos bien en todo lo que nos rodea. Como por ejemplo: buscar elementos con un color determinado y meterlos en un saquito o cajita donde podamos verlos. Después podemos buscarlos de otro color y así hasta que queramos. La naturaleza está llena de colores, ¡descubrámoslos!

336 Guirnalda con cítricos

❄ ✿ ☀ 🍁 + 2 años

🕐 4 hora

Para esta actividad necesitamos variedades de naranjas y limones, papel de horno, una cuerda fina y un cuchillo. Cortamos a rodajas los cítricos, mejor finos que gruesos, y las sumergimos en un bol con un chorrito de limón durante unos 30 minutos. Después las secamos con un trapo o papel de cocina y las colocamos dentro del horno a 85º sobre la bandeja cubierta de papel unas 4 horas con calor arriba y abajo. Una vez hechas tan sólo queda pasarles la cuerda fina por el centro y ya tenemos lista nuestra guirnalda.

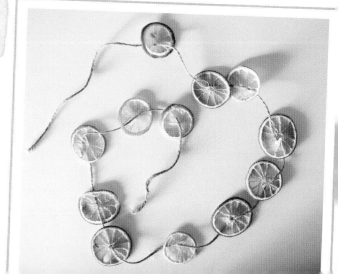

(337) Encuentra lo que pone en la hoja

❄ ❀ ☀ 🍂 + 2 años

🕐 20/25 minutos

En esta actividad preparamos un listado con cosas para buscar en la montaña o la playa. Para ello podemos crear una lista visual con ilustraciones o un listado escrito, tal vez con curiosidades sobre aquello que tenemos que encontrar cada persona de la familia y ¡a explorar!

Podéis encontrar ideas de búsquedas en **www.aprendiendoconmontessori.com.**

(338) Lanzarse hojas de otoño

🍂 + 2 años

🕐 5 minutos

Cuando paseamos en otoño por un bosque podemos ver un manto bajo los árboles en color ocre. Juntar todas estas hojas en un montoncito y lanzarlos al aire para ver cómo caen son menos de 5 minutos y puede ser muy divertido.

(339) Collage de la naturaleza

❄ ❀ ☀ 🍂 + 4/5 años

🕐 15 minutos

Cogemos todos los elementos de la naturaleza que nos llamen la atención y los metemos en un cestito de mimbre. Después extendemos un papel continuo del tamaño que queramos para pegarlos con pegamento o con cinta adhesiva y le damos el diseño que más nos guste.

(340) Limpiar manzanas

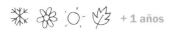

❄ ✽ ☀ 🍁 + 1 años

🕐 15 minutos

Limpiar la fruta puede ser entretenido, sobre todo si lo hacemos en familia. Un cepillo y un balde lleno de agua y ya estamos listos para dejar relucientes las manzanas o la fruta que queramos. Si además usamos agua templada, eliminaremos con más facilidad las ceras con las que se cubren para protegerlas.

CURIOSIDAD

Los principales productores de manzanas se encuentra en regiones de climas templados como Europa, Estados Unidos y Asia.

MATERIALES

- Cepillo
- Balde
- Manzanas
- Agua

"La manzana podrida pierde a su compañía."

Proverbio

(341) Tres en raya de la naturaleza

❄ ✿ ☀ 🍁 + 4/5 años

🕐 5 minutos

Para crear nuestro tres en raya necesitamos cuatro palos y seis elementos naturales, por ejemplo, tres piñas y tres trozos de tronco. Colocamos dos palos en vertical separados y otros dos palos en horizontal sobre los verticales también separados. Una vez tenemos nuestra cuadrícula, ¡ya podemos jugar a este tres en raya tan rústico!

(342) Móvil natural

❄ ✿ ☀ 🍁 + 4/5 años

🕐 20/25 minutos

Construir un móvil para colgar en cualquier lugar de la casa es una actividad muy divertida. Hace falta un palo, hilo de color o hilo de pescar y elementos de la naturaleza: hojas, flores, palos, piñas de pino... Y tan sólo tenemos que enganchar el hilo a los elementos naturales e ir colocándolos en el palo para que cuelguen unos al lado de otros en diferentes alturas. Después podemos dejarlo cerca de una ventana para que cuando haga una pequeña corriente de aire podamos verlos moverse.

Una cosa buena de este móvil es que ni se le acaba la batería, ni pierde la cobertura y, por supuesto, no tiene ninguna pantalla. :P

(343) Corona de hielo

❄ ✿ ☀ 🍁 + 2 años

🕐 3 hora

Conocemos las coronas hechas con ramas y hojas, pero ¿y de hielo? También es muy sencilla de hacer. Cogemos un molde redondo de silicona, agua y elementos naturales. Colocamos el agua en el molde y a continuación disponemos a nuestro gusto los elementos naturales, lo metemos en el congelador unas cuantas horas y, una vez listo, podemos colgarlo de una cuerda y dejarlo en el jardín o terraza para ver cómo poco a poco se va deshaciendo.

344 Ir de camping

❄ ✿ ☀ 🍂 + 2 años

🕐 1/2 días

Disfrutemos toda la familia de la libertad de un camping, conociendo gente, jugando y desarrollando nuestra creatividad y potencial.

345 Nadar en un río

☀ + 2 años

🕐 10 minutos

Nadar en un río es una experiencia que todas las personas deberíamos vivir. Acostumbrados a las piscinas de la ciudad, dejamos de lado estos increíbles paraísos donde también podemos disfrutar, no sólo de un baño, sino también de preciosas vistas con paisajes inigualables.

346 Los planetas giran alrededor del Sol

❄ ✿ ☀ 🍂 + 6 años

🕐 20 minutos

Dibujamos un círculo en la arena de unos 4 metros de diámetro y trazamos una línea recta que divida la circunferencia por la mitad. Una persona será el Sol y se situará en el centro del círculo. Las demás personas, que serán los planetas, deberán colocarse sobre la línea del círculo. El juego consiste en que el sol tiene que atrapar a los planetas sin salirse de la línea divisoria de la circunferencia. Puede utilizar sus manos y sus pies siempre que mantenga una parte de su cuerpo en la línea. Los planetas deben dar vueltas para intentar no ser tocados.

(347) Germinar una semilla

❄ ✿ ☼ 🍁 + 2/3 años

🕐 7 días

Este experimento es fácil. Una legumbre como un garbanzo, una alubia o una lenteja, un bote de cristal y algodón empapado de agua. Introducimos la semilla en el algodón húmedo y lo metemos en el bote de cristal. Después la dejamos junto a una ventana y, si todo ha ido bien, al cabo de unos días podemos observar cómo ha salido un pequeño tallo. Es importante que el algodón siempre permanezca húmedo, por lo que día a día debemos mojarlo un poco, hasta que la plantemos en una maceta.

(348) Buscar una muda de cigarra

☼ + 3/4 años

🕐 10 minutos

¿No es uno de los símbolos más significativos del verano el sonido de las cigarras? Suben a los árboles y, cuando llegan a las ramas, frotan sus alas produciendo ese sonido tan particular. Por el camino deben cambiar su caparazón para poder crecer y abandonan el anterior, vacío. A eso se le llama "mudar". Si estamos en el campo escuchando a las cigarras, nos acercarnos a un árbol y observamos el tronco del árbol, con suerte podemos encontrar uno de estos caparazones vacíos.

BRUUUMMM...

(349) Subir a un tractor

❄ ✿ ☼ 🍁 + 2 años

🕐 5 minutos

Si vivimos en una ciudad posiblemente pocas veces veamos un tractor, así que si nos acercarnos a un lugar agrícola aprovechemos para mirar vehículos que normalmente no tenemos la oportunidad de ver. Quizá podamos hacernos preguntas sobre estos vehículos: ¿para qué sirve un tractor? ¿Cómo son sus ruedas? ¿Cuántas personas caben?

350 Hacer saltar piedras en el río

❄ ❀ ☀ 🍁 + 2 años

🕐 5 minutos

Lanzar piedras a un río para ver cómo saltan requiere de una destreza importante: cómo colocar la
piedra en la mano, cómo lanzarla y elegir una piedra
adecuada (las planas van mejor). Y, si no nos sale a
la primera, podemos seguir practicando, hasta que
consigamos hacer saltar alguna, ¡y a ver hasta dónde
llega y cuántas veces salta sobre el agua!

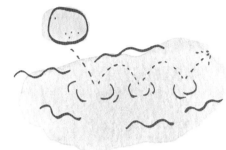

351 Volteretas en un prado

❄ ❀ ☀ 🍁 + 14 meses

🕐 1 minuto

¿No resulta tentador? Imaginemos un prado grande, lleno
de césped, en el que saltar, hacer volteretas y bailar... Que
no se quede sólo en un pensamiento: ¡hagámoslo realidad,
fuera vergüenza!

352 Coger pipas de girasol

❄ ❀ ☀ 🍁 + 3 años

🕐 15 minutos

Los girasoles son unas flores muy especiales que giran
siguiendo el sol. De ahí su nombre. Sus frutos son las
pipas y, si podemos conseguir una gran flor de girasol llena
de pipas, podemos sacarlas con unas pinzas. ¡Toda una
experiencia!

(353) Reciclar papel

❄ ❀ ☀ 🍁 **+ 2 años**

🕐 8/9 horas

Cortamos el papel en trocitos, lo metemos en la licuadora y lo trituramos. Mientras batimos vamos añadiendo agua poco a poco hasta que quede una mezcla espesa. Después la sacamos, la extendemos sobre una tela, colocamos otra tela encima y presionamos para quitar el exceso de agua. Podemos poner esta masa húmeda con flores, hojas o algún otro material que tengamos a mano.

Por último, lo dejamos secando y, cuando se evapore toda el agua, ¡lo tenemos!

"Reciclar no es nuestra obligación, es nuestra responsabilidad."

Anónimo

CURIOSIDAD

Cuentan que unos veintiocho mil árboles se llegan a talar en un día para poder hacer papel higiénico.

MATERIALES

- Papel usado
- Papel de periódico
- Agua
- Hojas
- Flores

- Frutas deshidratadas
- Una licuadora
- Un bol
- Tela o fieltro
- Un marco

354 Charcos en la playa

❄ ✿ ☀ 🍁 **+ 18 meses**

🕐 15 minutos

Muchas veces cuando baja la marea quedan enormes charcos. ¿Por qué no aprovecharlos para jugar? ¡Es hora de saltar, mojarnos y reír!

355 Pasear por una arboleda

❄ ✿ ☀ 🍁 **+ 18 meses**

🕐 15 minutos

Las arboledas son lugares maravillosos donde pasear, jugar, tumbarse o relajarse. A veces no hace falta nada más que dejarse llevar para disfrutar del momento.

356 Guirnalda de palomitas de maíz para pájaros

❄ **+ 4 años**

🕐 15 minutos

¡Sencillo! Hilo fino y palomitas de maíz. Las ensartamos una a una en el hilo y ¡listo para colgar entre los árboles y ofrecerles comida a los pájaros en un invierno frío!

357) Visitar un observatorio de aves

 + 5/6 años

 2 horas

Garzas, patos, cormoranes, gaviotas. Para esta actividad es importante unos buenos prismáticos y un lugar destinado a la observación de aves. Conocer las diferentes aves que existen en ese lugar, de qué se alimentan, dónde viven, cómo se llaman y muchas otras curiosidades que podemos averiguar a través de la observación y que podemos estudiar antes de ir.

358) Vestir un árbol

 + 2 años

 15 minutos

Podemos envolver un árbol con lana y colocar entre el hilo pequeños obsequios que vistan al árbol: hojas, ramitas o flores. Una manera de interactuar con la naturaleza, tocarla, olerla, vivirla y abrazarla.

359) Paseo en canoa

 + 9 meses

 10 minutos

Siempre podemos disfrutar de un paseo en canoa. ¡Surcar el agua a través de este medio de transporte puede ser muy relajante!

360 Celebrar el día de la Tierra

❀ + 2 años

🕐 20 minutos

El cuidado de nuestro planeta tiene que ser día a día. El día 22 de abril conmemoramos lo importante que es respetar la Tierra porque es nuestro hogar y el de todos los seres vivos. Celebrar este día se puede hacer de muchas formas. ¿Qué tal si lo hacemos aportando nuestro granito de arena? Recoger desperdicios del suelo, plantar un árbol, utilizar más la bicicleta y mimar el planeta todo lo que podamos.

361 Pasar entre los maizales

❄ ❀ ☀ 🍁 + 9 meses

🕐 10 minutos

Una excursión familiar a un maizal nos da la oportunidad de conocer y explorar este vegetal. Además, existen eco laberintos de maíz en los que poner a prueba nuestra astucia para encontrar el camino correcto.

362 Observar peces

❄ ❀ ☀ 🍁 + 14 meses

🕐 5 minutos

En un río o en el mar, pero viviendo en libertad. Tan sólo necesitamos 5 minutos de nuestro tiempo para detenernos y observarlos. ¿Adónde van? ¿De qué color son? ¿Qué hacen?

(363) Trepar rocas

❄ ✿ ☀ 🍁 + 3 años

🕐 10 minutos

En la infancia se comienza a andar, después llegan nuevos retos, entre ellos las ganas de trepar y explorar hasta donde permita el cuerpo. ¡Demos a nuestras criaturas oportunidades seguras para hacerlo!

(364) Recoger algarrobas del monte

❄ ✿ ☀ 🍁 + 2 años

🕐 25 minutos

Un paseo puede ser una fantástica oportunidad para fijarnos en cosas nuevas. En este caso, podemos centrarnos en recoger algarrobas. Sólo necesitamos una cestita ¡y a buscar!

(365) Collares con cáscara de nuez

❄ ✿ ☀ 🍁 + 3 años

🕐 25 minutos

Estos collares son un regalo genial para todas las personas de la familia, y son muy sencillos de crear: usaremos las dos mitades de la cáscara de una nuez y una cuerda para colgarla. Si queremos, le podemos dar un toque especial y ponerle dentro algún detalle a modo de tesoro, como un cascabel o una moneda de la suerte, y después cerramos la cáscara.

Sobre nosotras

ZAZU NAVARRO

Desde bien pequeña Zazu ha sentido interés por aspectos sociales que le llevaron a estudiar Educación Social. Comprometida con la sociedad y dispuesta a cambiar las cosas, comenzó su andadura como educadora de personas con diversidad funcional. Después de formar una hermosa familia con Sergi, nació su pequeño Mafaldo y las cosas empezaron a cobrar sentido. ¡Todo comienza en la infancia! Embelesada por la naturalidad de la niñez se embarcó en nuevos aprendizajes que le han dado la oportunidad de formarse como guía Montessori y certificarse como educadora de familias de Disciplina Positiva. Desde entonces no ha parado de aprender sintiendo la necesidad de compartir con más personas la importancia de una educación respetuosa a través de su blog **www.aprendiendoconmontessori.com**. Cree que la familia es la mejor escuela de vida. Dedica sus energías a aprender, respetar y acompañar a su propia familia. Zazu está convencida de que la educación para la paz sólo será posible si cada persona la empieza en su propio hogar.

TERESA CEBRIÁN

La ilusión de Teresa es iluminar las sonrisas de la gente que ve sus ilustraciones y lanzar a volar su imaginación partiendo desde la alegría de la niñez. En su otra profesión es diseñadora de experiencia de usuario, donde intenta que la gente que usa las aplicaciones que ella diseña quieran volver a usarlas. Gracias al duende de otoño y a Pepe, su bonita familia, puede compaginar estas dos profesiones que tienen algo en común: buscan hacer la vida de la gente más sencilla y alegre. Ése es, probablemente, el motor de su vida: poner cariño en las cosas que hace para que, mañana, todo sea un poquito mejor.

Agradecimientos

-- CURIOSIDAD --

Dar las gracias mejora las relaciones entre las personas a través de la conexión y la empatía, si se realiza como un acto natural y no obligatorio.

Gracias a **ti** por leer este libro pensando en tu familia y en ti. Por escoger dedicarles tiempo, tiempo en familia.

Gracias a **mi familia**, a **mi hijo** por mostrarme el camino del amor más puro, por darme alas y la oportunidad de ser cada día una mejor versión de mí misma. A **mi pareja** porque somos un equipo y eso hace más sencillo este máster acelerado de la maternidad/paternidad.

Gracias a **mi tribu Creciendo Criando** porque no hay cosa que más me guste que ver a nuestras familias unidas con nuestras hijas e hijos disfrutar jugando.

Gracias a **Vicky**, **Silvia**, **Nuria**, **Ana**, **Esther**, **Wal**, **Estefi**, **Lorena**, **Fany** y **Olaya** por su amistad tan bonita, real y sincera y por ser cobijo en este camino de la crianza.

Gracias a **Candi** y **Jose Antonio** por ser familia y ayuda. Gracias a Toni por su amabilidad y sus palabras que, siempre, me hacen reflexionar y crecer.

Gracias a **mi madre** y **mi hermana** por hacerme la vida más completa, por enseñarme el valor de ser mujer y por las infinitas risas que creamos cuando estamos juntas. Gracias a **mi padre** por su luz y todos los recuerdos imborrables que han quedado en mi memoria.

Gracias a **mi abuela** y a **mi abuelo** por compartir sus juegos, su niñez. Recuerdos que son tesoro y herencia.

Gracias a **Teresa Cebrián** por formar parte de este precioso proyecto. Por su humildad, su ilusión y su pasión por todo lo que hace. Por ser amiga, confidente, apoyo y ánimo. Gracias también a su **duende de otoño** y a **Pepe**, porque ambos han sido parte importante del proceso de este libro.

Gracias a la bonita **comunidad del blog Aprendiendo con Montessori** por creer que otra educación es posible, por apostar por el respeto, la paz y el amor.

Zazu Navarro

Miles de gracias a **mi madre**, la persona más fuerte que conozco, por su ENORME ayuda en todo-todito-todo. ¡Gracias mamá!

Otro saco de gracias para mi mejor amigo, amante y compañero, mi marido **Pepe**, por su apoyo también en todo-todito-todo. Defensor a muerte del uso correcto de los signos de puntuación, sólo espero que después de leer este texto no lo cambie mucho. (Dice que sólo cambiaría una coma, mientras llora de la emoción.)

Muchas gracias **Zazu Navarro** por descubrirme que la educación puede ser de otra forma y por confiar en mí para este proyecto y los que vendrán.

Y GRACIAS a **mi duende de otoño**, por ser el nene más bonito que existe (lo sé, no soy objetiva, pero tengo muchos testigos que dirán lo mismo) y por enseñarme a ser mejor persona cada día.

Teresa Cebrián

Gracias al equipo de Penguin Random House y Montena por hacer posible este libro.

Este libro se terminó de imprimir
en junio de 2019.